人口城镇化与土地城镇化协调性分析
——以辽宁省为例

梁振民　许志杰　著

中国建筑工业出版社

图书在版编目（CIP）数据

人口城镇化与土地城镇化协调性分析：以辽宁省为
例/梁振民，许志杰著. —北京：中国建筑工业出版
社，2021.2
ISBN 978-7-112-25899-4

Ⅰ. ①人… Ⅱ. ①梁… ②许… Ⅲ. ①城市化-研究
-辽宁 Ⅳ. ①F299.273.1

中国版本图书馆 CIP 数据核字（2021）第 032660 号

本书共 8 章，分别是：绪论、城镇化相关概念的界定、研究相关理论、辽宁省城镇化
发展历史过程研究、辽宁省城镇化发展质量测度与层级特征、辽宁省人口与土地城镇化耦
合协调研究、国内外城镇化发展的经验启示、新形势下辽宁省城镇化发展道路研究等内
容。本书以辽宁省为例，系统研究了新型城镇化背景下人口与土地城镇化协调耦合问题，
提出新型城镇化背景下城镇化发展路径。

本书可供从事经济学、人文地理学、城市管理等专业的人员使用，也可供大专院校相
关专业师生及城镇化相关研究人员使用。

责任编辑：胡明安　王　磊
责任校对：张　颖

人口城镇化与土地城镇化协调性分析
——以辽宁省为例

梁振民　许志杰　著

＊

中国建筑工业出版社出版、发行（北京海淀三里河路 9 号）
各地新华书店、建筑书店经销
霸州市顺浩图文科技发展有限公司制版
北京建筑工业印刷厂印刷

＊

开本：787 毫米×1092 毫米　1/16　印张：7½　字数：181 千字
2021 年 3 月第一版　2021 年 3 月第一次印刷
定价：**35.00** 元
ISBN 978-7-112-25899-4
（36774）

前　言

我国已经进入城镇化高速增长期，在 2019 年城镇化率已经达到 60.6%，在取得这些成绩的同时，我国城镇化面临的问题也愈发突出，在当前形势下重点任务是认识城市的发展规律，借助我国发展新型城镇化战略的良好契机，发展城乡统筹、城乡一体、产业互动、节约集约、生态宜居为基本特征的城镇化，促进大中小城市、小城镇、社会主义新农村的协调发展和互促共进的城镇化，这也是未来一个阶段城镇化发展的主要目标之一。在 2019 年 4 月国家发展改革委发布了新型城镇化建设的重点任务，主要是进行户籍制度改革，优化土地利用结构，优化城镇化布局，推动新型城镇化高质量发展。到 2020 年 5 月国务院总理李克强在政府工作报告中指出，加强新型城镇化建设，大力提升县域公共设施与服务能力，满足县城就业安居需求，发展中心城市与城市群综合带动作用，培育产业和增加就业。但是总体上讲，核心内容是促进人口城镇化与土地城镇化协同发展，是提升城镇化发展质量的关键任务之一。

辽宁省作为东北老工业基地，从中华人民共和国成立至今，城镇化水平一直高于全国平均水平，在我国各省份的城镇化中具有示范引领作用。但是辽宁省作为老工业基地和全国能源输出大省。到了 20 世纪 90 年代末，由于历史欠账较多，导致辽宁省城镇化发展质量较差，人口城镇化与土地城镇化极不协调。由此需要提升城镇化发展质量，增加城镇化发展内涵，优化城镇化布局。鉴于此分析，本书以区域经济理论作为研究基础，以新型城镇化的耦合协调性作为研究对象，阐述辽宁省的历史发展过程，构建指标体系测度人口与土地城镇化的耦合协调性，借鉴国内外关于城镇化发展的经验，提出促进辽宁省新型城镇化发展目标、空间结构优化路径、城镇化高质量发展调控手段等。

本专著共计分为 3 个部分：第 1 部分基础理论部分。主要包括第 1 章、第 2 章和第 3 章。第 1 章是绪论部分，主要介绍了专著研究背景与研究意义，综述国内外研究现状，提出研究思路、研究方法和研究内容；第 2 章为城镇化相关概念的界定，主要包括传统城镇化与新型城镇化的基本概念，土地城镇化与人口城镇化的相关概念；第 3 章是研究相关理论部分，介绍了人地关系理论、区域空间结构理论、区域可持续发展理论、耦合与共生理论、系统论等研究背景、核心内容和对城镇化研究启示。

第 2 部分实证研究部分。主要包括第 4 章～第 6 章主要分析辽宁省城镇化发展历史和现实情况，解析辽宁省城镇化发展和人口与土地城镇化耦合协调性问题，结果显示辽宁省城镇化进程始终超过全国平均水平，近期开始进入城镇化缓慢增长阶段，开始注重城镇化发展质量。经过测度可知，辽宁省城镇化发展质量具有缓慢增长的趋势，但是与东部沿海省份还有很大差距。通过测度人口城镇化与土地城镇化耦合协调性度时发现，在全省人口城镇化与土地城镇化耦合协调度处于濒临失调和轻度失调阶段，还需加大调整力度，促进两大系统协调。

第 3 部分为参考借鉴和建议部分。主要是第 7 章和第 8 章。在第 7 章中主要借鉴分析了日本、巴西、美国城镇化的发展经验，研究发现日本围绕三大都市圈，实现紧凑型城镇化，巴西城镇化属于人口过度型城镇化，出现了大量贫民窟，出现各种社会问题，美国城镇化进程中郊区化现象比较明显，为了控制城市规模，提出精明增长理论。在第8章中提出辽宁省新型城镇化发展目标，总体目标是推进提升新型城镇化，发展内涵式城镇化，空间优化目标是构建起"一群、一带、一轴"的城镇化空间布局，提升中心城市的核心竞争力，补齐县域经济短板，发展小城镇经济和促进特色城镇升级。实现城镇化高质量发展的主要路径是增加产业支撑为城镇化增加内生动力，加快城市更新设施改造，提升程序化发展品质等。

目　　录

第1章

绪　论

1.1　选题背景

　　城镇化是一个地区或国家社会经济进步的重要标志[1]。改革开放 40 多年，我国城镇化取得了不朽的成绩，城镇化增长速度每年以 1.2 个百分点向前推进。在城镇化在取得成绩的同时，也存在着诸多问题。在进入 21 世纪以后，随着我国城镇化速度的加快，部分城市大搞新城或新区建设，"半城市化"现象非常严重[2]，这引起了学术界的高度重视。2006 年以中国科学院院士陆大道为首向国务院提交了《关于遏制"冒进式"城镇化和空间失控的建议》的咨询报告，得到国务院领导的批示[3]。2019 年中国城镇化率已达60.60%，但户籍非农人口占户籍总人口比重为 44.38%，剩余人口还没有享受到城镇化带来的各项福利。全国各地在大搞城镇建设的同时，出现了"空城"和"鬼城"现象。说明在城镇化进程中，没有处理好人口与土地城镇化的协调发展问题。因此，在新型城镇化道路上，如何实现"高质量、内涵式、利于可持续发展"的城镇化道路，如何促进人口与土地城镇化耦合协调发展，是关系我国经济社会发展的头等大事。

　　辽宁省是我国面向东北亚地区对外开放的省份之一。随着国家实施振兴东北老工业基地战略，以沈阳为核心的城市圈正在快速发展，辽宁省中部城市群总体实力排名第五。在快速城镇化进程中，辽宁省城镇化发展在全国具有典型和示范效应。2001 年辽宁省城镇化水平为 46%，2014 年为 67.05%，在此期间增长近 20 个百分点，以年均 1.8% 的速度向前推进。2000 年全省城市建成区面积为 $1236km^2$，到 2014 年为 $2422km^2$，说明城市人口和空间都得到了快速发展。在现实中，城市建成区面积年均增长速度为 4.92%，而人口城镇化年均增长速度为 2.72%，两者相差将近 2.2 个百分点，显然土地城镇化明显快于人口城镇化。另据权威部门统计，辽宁省个别城市的新增工业用地投资强度较低，容积率仅为 0.5，城市规划区有 1.24 亿 m^2 的土地成为闲置或者低效率的建设用地[4]。通过以上分析可知，辽宁省人口与土地城镇化尚未实现耦合协调发展。鉴于此，本书从可持续发

---

①　刘玉，冯健. 中国区域城镇化发展态势及战略选择 [J]. 地理研究，2008，27 (7)：45-54.
②　方创琳. 中国城市化进程亚健康的反思与警示 [J]. 现代城市研究，2011，(8)：5-11.
③　陆大道. 关于遏制冒进式的城镇化和空间失控建议 [R]. 2006.
④　辽宁省人民政府. 辽宁省土地利用总体规划（2006～2010 年）[R]. 2009.

展的角度，结合辽宁省城镇化发展的实际情况，构建城镇化发展质量的综合评价指标体系，选取测度模型，利用测度模型判定人口和土地城镇化的耦合协调关系，以此来揭示辽宁省的人口与土地城镇化的交互胁迫、动态耦合规律，旨在为各级政府在制定城镇化发展战略时提供理论依据。

1.2 研究意义

1.2.1 理论意义

人口城镇化与土地城镇化耦合协调性在城镇化进程中的相互作用、区域效应、演进趋势表现出的良性互动现象，是人地关系视角下的城镇化发展的阶段性特征，存在一定的必然性。当前我国"两化"不协调现象导致的各种问题非常严重。因此，将城镇化这一热点问题转化为区域经济学研究命题，对城镇化的科学内涵、发展取向、评价指标重新解读与阐述，全面刻画城镇化对经济社会的促进作用，架构起城镇化从非协调向协调发展的桥梁，探讨非协调耦合的内外影响因素和形成机制，为全面认识区域城镇化发展态势提供理论依据。

1.2.2 实践价值

在经济发展的新常态下，对辽宁省城镇化进行初步了解和实地考察，全面和系统地掌握辽宁省城镇化基本现状，构建城镇化评价指标体系，综合运用数理统计模型，全面衡量人口城镇化与土地城镇化耦合协调的时空变化情况，分析其存在演变规律和内在机理。根据分析结果提出促进人口与土地城镇化良性协调发展的对策，具有重要的实践价值。

1.3 国外研究综述

1.3.1 国外城镇化发展基础理论研究

国外关于城镇化的研究，19 世纪 50 年代，在《共产党宣言》中讲到把农业和工业结合起来，逐步消除城乡对立，改善城乡差别的消极局面[1]；进入 18 世纪 60 年代，西班牙规划师 A. 塞尔达第一次提到"城市化"，城市化从此开始成为一个时代的命题，基础理论和实证分析得到丰富与拓展[2]；到 18 世纪末，空想社会主义学家欧文、傅里叶和圣西门等追求理想的城市发展状态，包括乌托邦、太阳城和协和村等[3]，虽然空想社会主义学家的各种理想的城市没有实现，但以上思想为 19 世纪的城市空间协调发展奠定了一定的理论基础。20 世纪初期，英国社会学家霍华德出版了《明日的田园城市》一书，提出

---

[1] Friedrich Engels. The Communist Manifesto [R]. English edition of 1886.

[2] （美）保罗·诺克斯，琳达·迈克卡西著. 城市化 [M]. 顾朝林，汤培源，杨兴柱等译. 北京：科学出版社，2010.

[3] Thomas More. Utopia [M]. Peking: Foreign Language Teaching and Research Press，1998.

"田园城市"的说法，田园城市是为了健康、生活和产业而设计的城市，建立"城乡磁体"，主要是将高度活跃的城市生活和清新的乡村环境、美丽的田园风光结合起来[①]；苏格兰人文主义规划大师帕特里克·盖迪斯在研究城市功能时指出，城市必须经历扩散与聚集才能形成新的空间[②]；芬兰学者埃列尔萨里宁（1942）观察到大城市由于过分膨胀带来的各种不利因素，提出有机疏散理论，对过度集中的核心城市区进行有机疏散，使区域发展由单中心向多中心转变，构建完善的城镇网络[③]；到了 20 世纪 90 年代，美国郊区化的倾向比较明显，使得城市开始向郊区低密度蔓延，美国人意识到郊区化带来的各种不利因素以后，仿效欧洲人提出精明增长理论，精明增长理论核心思想是促进土地混合利用，提升资源和能源的使用效率[④]。

1.3.2　国外人口与土地城镇化增长研究

一是关于城市扩张方面的研究。Bruechner（1983）建立了 Muth-Millsde 的单中心模式，分析城市空间的扩张机制，结论为人口流动、收入、交通成本和农地地租是影响城市空间扩张的主要因素[⑤]；Maxim Shoshany（2003）在验证 Bruechner 理论的基础上，验证 1950～1990 年以色列土地利用与人口密度的变化情况[⑥]；卡琳米勒认为城市增长是以牺牲生态环境为代价，在欧洲都是以消耗了大量的农地为代价促进了城市增长[⑦]；Xiangzheng Deng. et. al（2003）建立评价模型，研究我国 1980～2000 年城市空间扩张的主要因素，指出收入的增长有效地带动了我国城市空间的扩张[⑧]；Glaeser（2003）实证分析美国城市空间扩张的主要因素，主要是因为汽车等交通工具的普及，带动居民生活方式的改变，致使城市的规模经济效益低下的发展态势[⑨]。

二是关于人口城镇化方面。英国经济学家刘易斯（1954）在他的《劳动无限供给条件下的经济发展》一文中，构建流动人口的二元模型，核心思想是工资差距导致城乡人口流动，导致工资差距的主要原因是现代部门（工业和农业）和传统部门之间的收益差距，这一思想揭示了经济相对落后的国家具有传统的农业经济体系和现代工业体系共存的经济体系，形成了所谓的"二元经济结构"[⑩]；在此之后，美国经济学家费景汉和拉尼斯（1961）针对刘易斯模型的不足进行补充和修正，将二元结构细化为三个阶段：劳动力无限供给、

①　Ebenezer Howard. Garden cities of tomorrow [M]. London：Faber and Faber，1946.

②　Geddes Patrick. City in Evolution [M]. Williams & Norgate，1915.

③　Eliel Saarinen. The City，its growth，its decay，its future [M]. M. I. T. Press，1965.

④　周国艳，于立. 西方现代城市规划理论概论 [M]. 南京：东南大学出版社，2010.

⑤　Brueckner J K，Fansler D A. The Economics of Urban Sprawl：Theory and Evidence on the Spatial Sizes of Cities [J]. Review of Economics and the Statistics，1983，65（3）：1-15.

⑥　Maxim Shoshany，Naftaly Goldshleger. Land-use and population density changes in Israel-1950 to 1990：analysis of regional and local trends [J]. Land Use Policy，2002。

⑦　Muller，K C，Kiichler. Urban growth along motorways in Switzerland [J]. Landscape and Urban Planning，2010，（8）：3-12.

⑧　Xiangzheng Deng，Jikun Huang. Growth，Population and Industrialization，and Urban Land Expansion of China [J]. Journal of Urban Economics，2008，63（1）：1-41.

⑨　Glaeser E L，Kahn M E. Sprawl and Urban Growth [C]. NBER Working Paper，2003.

⑩　W. Arthur. Lewis. Economic Development with Unlimited Supplies of Labor [R]. 1954.

伪装失业者被工业吸收和现代化发展阶段[1]；美国经济学家托达罗（1970）提出预期收入理论，对农村劳动力转移做了假设，基本思想是人口迁移到城市是城乡预期收入差异所致，不是由实际收入差异做出的反应[2]；美国地理学家伯利（1976）指出西方国家城市化在发展到一定程度以后，受到人口增多、环境污染、住房紧张、交通拥堵和犯罪人数增多等问题的困扰，人口开始向农村转移，形成"逆城市化"现象[3]。

1.4　国内研究综述

进入 21 世纪以后，国内开始研究人口与土地城镇化耦合协调的问题，从中国知网（cnki）以"人口城镇（市）化与土地城镇（市）化"为关键词，能够查询到 151 篇文章。笔者通过研读和查阅各类学术专著，国内学者关于人口城镇化与土地城镇化耦合协调的研究归纳起来可以分为以下 4 类：人口城镇化与土地城镇化的内涵解析、辩证关系、实证度量和调控对策等内容的研究。

1.4.1　人口与土地城镇化协调发展的内涵解析

陈凤桂（2001）对人口与土地城镇化进行了解析，指出人口城镇化是城镇化的核心，本质是人口经济活动的转移过程，土地城镇化是载体，本质是城镇化建成区面积的增加[4]；吕萍（2007）指出土地城镇化在城镇化进程中土地由农村形态向城市形态转化的程度[5]；蔡卫红（2013）指出人口城镇化是城镇人口的聚集水平，土地城镇化是城镇化的表象，专指城镇土地外延扩张进度[6]；刘潇（2015）对人口城镇化和土地城镇化的相关概念进行界定，他认为土地城镇化是土地属性发生转变以后，由非城镇状态向城镇状态转化的过程，这一过程的终点是城镇建设用地，使得土地在空间配置上更加集约与高效，人口城镇化是人由农村流向城镇的过程，这一过程中的终点是城市人口[7]；李子联（2013）分析人口城镇化滞后于土地城镇化的原因，是工业化带动城市建设用地快速增加，但对人口吸纳的能力比较有限，因此人口城镇化滞后于土地城镇化进程。

1.4.2　人口与土地城镇化协调发展的辩证关系

陆大道（2007）在分析我国城镇化进程中重点指出，我国的城镇化进程违反了循序渐进的原则，存在"冒进式"城镇化现象，必须遏制"冒进式"的土地城镇化快速增长的势头，提高城镇化发展质量[8]；管清友（2012）认为在推进城镇化进程中，应该优化各项制

① Fei，C. H. and Ranis G. A Theory of Economic Development [J]. American Economic Review，1961，51（4）：533-565.

② John R. Harris and Michall P. Todaro. Migration，Unemployment & Development：A Two-Sector Analysis [J]. American Economic Review，1970，60（1）：126-42.

③ （美）布赖恩·贝利，著. 比较城市化. 顾朝林译. [M]. 北京：商务印书馆，2008.

④ 陈凤桂. 我国人口城镇化与土地城镇化协调发展研究 [J]. 人文地理，2010，(5)：53-59.

⑤ 吕萍，周滔. 土地城市化与价格机制研究 [M]. 北京：中国人民大学出版社，2007.

⑥ 蔡卫红. 福建省土地城镇化快于人口城镇化的现状及成因分析 [J]. 福建论坛，2013，(7)：142-146.

⑦ 刘潇. 河南省土地城镇化与人口城镇化协调发展研究 [D]. 郑州：郑州大学硕士学位论文，2015.

⑧ 陆大道，姚士谋，李国平. 基于我国国情的城镇化过程综合分析 [J]. 经济地理，2007 27 (6)：883-887..

度，使得农村居住向社区集中，大力推进进城务工人员尽早融入城镇，人口城镇化应该优先于土地城镇化的发展[①]；石忆邵（2015）讨论了人口与土地城镇化两者的演进关系，指出我国土地有过度城镇化风险，而人口城镇化存在"半城市化"现象，土地过度城镇化风险是地方政府"以地生财"导致，人口城镇化滞后土地城镇化是由福利保障机制和户籍制度歧视导致的[②]；王丽艳（2014）认为在新型城镇化进程中，人口城镇化与土地城镇化是两大主要因素，目前两者之间尚未建立协调发展的关系，土地城镇化促进人口城镇化的增长，但是土地城镇化质量却没有随着人口城镇化水平的加速而提升。因此，我国在提升人口城镇化水平的同时，应该进一步提升土地利用效率，促进"两化"形成良性互动关系[③]；范进（2012）指出人口城镇化与土地城镇化不协调的影响因素，外在制度是人口与土地制度导致的不协调现象，内在制度是投资驱动型的增长模式，要求维护资本的边际收益，是促进"两化"不协调的深层次原因[④]；李子联（2013）指出人口城镇化滞后于土地城镇化的原因，是工业化带动城市建设用地快速增加，但对人口吸纳的能力比较有限，因此人口城镇化滞后于土地城镇化进程[⑤]。

1.4.3 人口与土地城镇化耦合协调度的实证分析

关于人口城镇化与土地城镇化的耦合协调性测度问题，一是关于测度模型的构建，多数学者都是以熵权法和物理学耦合测度模型对"两化"协调性进行综合测度。如孙平军（2012）通过熵权法计算"两化"之间的综合水平，利用物理学中耦合协调测度模型，对北京的1990年以来人口、经济、空间的城镇化水平的耦合协调性进行综合测度[⑥]；张轩（2015）对利用耦合协调度模型对辽宁省14个省辖市的人口与土地城镇化的耦合协调性进行综合测度[⑦]；二是测度指标选择与构建，多数学者从综合测角度选取多项目指标对"两化"耦合协调性进行评价，如郭付友（2015）从非农业人口、城市人口密度、非农业就业方面表征人口城镇化的测度指标，从建成区面积、人均建成区面积、人均铺装道路面积和人均公共绿地面积方面来表征土地城镇化方面，对东北地区34个城市的"两化"耦合协调性进行测度与评价[⑧]；杨丽霞（2013）利用单一的城镇人口占总人口的比重来代表人口城镇化，城市建成区面积来表征土地城镇化，以浙江省69个县级市为研究对象，分析了"两化"协调发展的时空演变规律[⑨]；三是关于人口城镇化与土地城镇化耦合协调发展评价标准，刘娟（2012）综合借鉴以往结果，将"两化"的耦合协调度标准分为3大类10个小类，失调衰退区包括极度失调、严重失调、中度失调和轻度失调；过渡调和区包括濒

① 管清友. 人口城镇化应优先于土地城镇化 [N]. 经济参考报，2013-12-3（02）.
② 石忆邵. 辩证审视土地城镇化与人口城镇化之间的关系 [J]. 上海国土资源，2015，（2）：2-7.
③ 王丽艳，郑丹. 土地城镇化与人口城镇化之间协调性测定及其影响因素 [J]. 经济学家，2012，（5）：61-67.
④ 范进，赵定涛. 实现人口城镇化与土地城镇化之间的关系 [J]. 当代经济研究，2014，（12）：62-70.
⑤ 李子联. 人口城镇化滞后于土地城镇化之谜——来自中国省际面板数据的解释 [J]. 中国人口资源环境 2013，23（11）：94-101.
⑥ 孙平军，丁四保. 北京市人口-经济-空间城市化耦合协调性分析 [J]. 城市规划，2012，36（5）：38-45.
⑦ 张轩. 辽宁省人口城镇化与土地城镇化耦合协调发展评价研究 [J]. 统计与信息论坛，2015，30（10）：65-71.
⑧ 郭付友. 2003年以来东北地区人口城镇化与土地城镇化时空耦合特征 [J]. 经济地理，2015，35（9）：49-56.
⑨ 杨丽霞. 人口城镇化与土地城镇化协调发展的空间差异研究 [J]. 中国土地科学，2013，27（11）：18-22.

临失调、勉强协调；协调发展区包括初级协调、中度协调发展、良好协调发展和优质协调发展[①]；马文博（2020）利用变异系数和耦合协调度模型对中原地区多个城市进行综合测度，结果是人口与土地城市化的耦合关系具有一定空间差异性，未来应该坚持"两化"均衡发展，加强土地合理利用，减少土地浪费面积[②]。

1.4.4　人口与土地城镇化协调发展的主要策略

蔡美香（2014）在研究我国人口城镇化与土地城镇化发展关系时，认为两者之间存在偏差，若想实现两者的协调发展，必须改革现行的二元户籍制度和土地制度，完善地方与中央之间的财政体制，发展新兴经济和非农产业，提供更多就业岗位，为"两化"的协调发展提供基础保障[③]；陶然、曹广忠（2008）在分析人口城镇化与空间城镇化不匹配的原因时指出，应该从土地征用市场化为突破口，引入土地财产税和增值税来充实地方财政实力，为农村人口创造更多的户籍制度红利，让财政制度、土地制度和户籍制度形成联动效应，是解决我国"两化"不匹配的有效途径[④]；张占斌（2014）在分析我国新型城镇化健康发展时指出，城镇化在加速发展时期，必然导致"城市病"的出现，必须在战略上重视提升人口城镇化与土地城镇化的发展质量，从"四化"同步到"五化"协调，才能实现我国的新型城镇化道路[⑤]；张梦妍（2020）针对京津冀地区的人口城镇化与土地城镇化的协调状况，针对该区域的人口城镇化与土地城镇化的协调状况，需要提高土地利用率、完善户籍制度、人口迁移制度和调整产业结构等，促进人口城镇化与土地城镇化协调发展[⑥]。

1.4.5　文献述评

在综述关于人口与土地城镇化相关文献以后，笔者的几点体会如下：一是由于国外研究早于我国，外国专家学者主要集中城镇化发展理论建立和完善，探讨了人口与城市空间协调等问题，由于国情和经济发展阶段的差异，我国在探索人口与土地城镇化的协调问题时，可以充分借鉴国外的早期研究成果，将其作为指导理论，但是不能完全照搬；二是从国内的研究从学科上看，涉及城市规划、经济学、社会学和农业经济等多个领域，多位专家学者针对人口城镇化与土地城镇化耦合协调展开研究；从研究内容上看，多数文献都是选取指标数据进行综合测度，仅是就结果论结果，对于非协调耦合形成原因鲜有探讨；从研究尺度上看，以全国、省、地级市和县域为研究对象也有较多文献，但是研究问题不具体。三是在未来研究过程中，笔者在前人研究的基础上，根据当前的实际情况，从小尺度的地域范围对人口与土地城镇化的耦合协调关系进行分析，丰富和完善我国城镇化的研究理论。

① 刘娟，郑钦玉. 重庆市人口城镇化与土地城镇化协调发展评价 [J]. 西南师范大学学报，2012，311（9）：49-56.

② 马文博，陈昱. 人口城镇化与土地城镇化的耦合协调关系及空间差异 [J]. 统计与决策，2020，（12）：114-118.

③ 蔡美香. 我国人口城镇化与土地城镇化失调与影响因素分析 [J]. 西北人文社会科学评论，2014，（1）：171-180.

④ 陶然，曹广忠. "空间城镇化"、"人口城镇化"的不匹配与政策组合应对 [J]. 改革，2008，（10）：83-88.

⑤ 张占斌. 中国新型城镇化健康发展报告 [M]. 北京：社会科学文献出版社，2014.

⑥ 张梦妍. 京津冀土地镇化与人口城镇化协调发展研究 [D]. 保定：河北大学硕士学位论文，2020.

1.5　研究内容、方法与技术路线

1.5.1　主要研究内容

本书以人地关系理论、可持续发展理论、空间结构理论和系统论等理论为基础理论。对城镇化和城镇化发展质量等概念进行重新界定，目的是为研究做好铺垫。在此基础上，对辽宁省的城镇化发展过程和现状进行分析，构建城镇化评价指标体系，利用均方差赋权法和耦合协调度模型，对辽宁省人口和土地城镇化发展质量和耦合协调度进行综合测度与评价，最后提出促进城镇化健康有序发展的对策与建议。本书一共有8章内容，具体研究内容如下：

第1章为"绪论"主要是阐述了研究背景与意义。国内外研究综述、研究方法和技术路线等。

第2章为"城镇化相关概念的界定"章节。界定了城镇化、城镇化发展质量和耦合协调性的基本概念，为论文写作做好铺垫。

第3章为"研究相关理论"章节。主要理论是以人地关系理论、区域空间结构理论、可持续发展理论、耦合共生理论和系统论等为基础，阐述了相关理论的产生背景和理论内涵，提出对城镇化研究的内容启示。

第4章为"辽宁省城镇化发展历史过程研究"章节。分阶段介绍了从古代到近代，辽宁省城镇化发展情况和主要特征。在此基础上，分析了辽宁省城镇化近期取得的成效和存在的问题。

第5章为"辽宁省城镇化发展质量测度与层级特征"章节。从人口与土地两个维度构建城镇化发展质量综合测度指标体系，利用熵权值法测度2000～2018年辽宁省城镇化发展质量，以及辽宁省14个城市城镇化发展质量，并对其进行综合测度与评价，分析其中形成的机理和其存在的问题。

第6章为"辽宁省人口与土地城镇化耦合协调研究"章节。构建人口与土地城镇化的评价指标体系，利用耦合协调度模型，测度辽宁省人口与土地城镇化耦合协调度，分析其人口与土地城镇化的发展质量和耦合协调性的特征。

第7章为"国内外城镇化发展的经验启示"章节。在国外部分主要阐述了日本、巴西、美国城镇化发展经验。国内部分以广东省和江苏省作为参照对象，分析了广东省和江苏省各自的城镇化发展经验，并将辽宁省、江苏省和广东省城镇化发展进程进行对比，充分借鉴国内外城镇化发展经验，为辽宁省城镇化找到切实可行的发展经验提供理论指导。

第8章为"新形势下辽宁省城镇化发展道路研究"。结合辽宁省的实际情况，提出利于未来新型城镇化发展的总体目标和基本趋势，城镇化空间优化策略，城镇化高质量推进的基本手段和制度创新等。

1.5.2　主要研究方法

一是文献分析法。在本书进行写作之前，笔者学习和借鉴经济地理学、区域经济学和其他相关理论，深刻领悟对城镇化研究的指导意义，为本书写作做好铺垫。利用中国知网、万方和城市建设的相关网站，进一步搜集和整理关于城镇化的基础资料，为论文展开深入研究充实基本资料。

二是实地调研法。首先，鉴于本书研究对象的特殊性，依据辽宁省城镇化的发展特点和存在问题，笔者到地方发展改革局和城市建设部门进行访谈，了解辽宁省当前城镇化发展特点、存在的问题和取得的成就。其次，到辽宁省的新市镇和经济开发区管委会进行走访和观察，为研究获得第一手资料。

三是定性与定量相结合的方法。首先，根据获得第一手资料，定性分析辽宁省城镇化进程中存在的问题；其次，通过建立评价体系以后，利用数学度量方法对人口城镇化和土地城镇化质量和耦合协调度展开分析与评价；最后，依据测度结果和结合实际情况，提出辽宁省人口与土地城镇化良性互动发展的对策。

1.5.3 研究技术路线

在研究辽宁省城镇化耦合协调性时，依据基本构想—理论综述—过程分析—测度评价—经验借鉴—提出对策的研究思路（图1-1）。

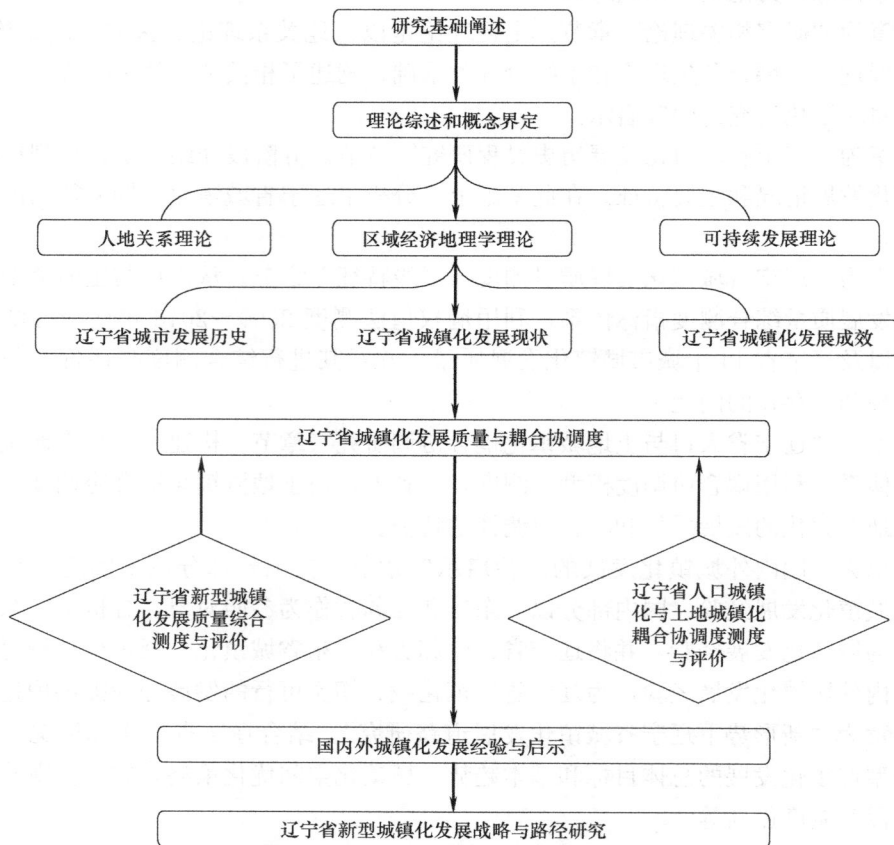

图1-1 研究技术路线图

首先，通过查阅国家和地方城镇化发展规划和近期国家关于城镇化会议发布的各类文件，咨询相关专家，分析当前我国城镇化存在的问题和发展趋势；其次，进入地方发改局和经济开发区管委会进行实地调研，获得第一手资料以后，进行学习与整理；第三，从定性分析的角度综述城镇化研究的相关理论，深入分析辽宁省的城镇化发展过程中取得成就和存在问题；第四，构建人口城镇化与土地城镇化质量评价指标体系，利用评价模型对其发展质量和耦合协调度进行测度与评价，分析其演化特征和内在机理。在此基础上，依据测度结果提出促进辽宁省城镇化健康、有序发展的对策与建议。

第 2 章

城镇化相关概念的界定

随着世界城市化的快速发展，城（镇）化相关概念和相关理论得到了极大地丰富与拓展。目前，关于城镇化理论的发展与创新，已经形成了理论庞大、分支众多和论证工具多样化的学科体系。本章对城镇化相关概念、新型城镇化、城镇化发展质量等相关概念进行对比分析与阐释，使其核心意义更加明确。

2.1 聚落

2.1.1 聚落的定义

聚落是人类各种形式的居住场所，即居民点。由于大小和功能不同，聚落具有不同的功能。在司马迁《史记·帝王本记》中详细记录"一年而所居成聚，二年成邑，三年成都"。进一步讲，"聚、邑、都"等都是从规模上形成不同尺度的聚落（图 2-1）；在《汉书·沟洫志》称"或久无天害稍筑室宅"，进而发展成聚落。笔者认为聚落是一个物质实体，他具有一定的地域空间，是居住活动、游憩、交通和工作的场所。在各种建筑物、活动场所、生产用地等要素，在空间上、类型上、数量上形成不同组合的生态景观。聚落也可以理解为社会实体，即所谓的社区，英文为 Community，是人类在地表聚集的空间组织形式，产生的生产生活和其他社会活动的社会场所。在一个社区内部由不同的社会活动集体来构建出不同的社会空间。

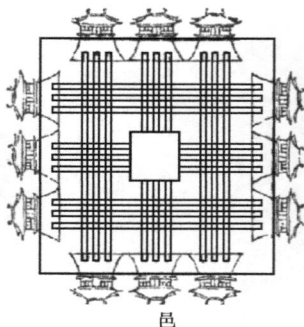

聚　　　　　　　　　　邑　　　　　　　　　　都

图 2-1　聚落的演变过程（百度）

2.1.2　聚落的类型

随着经济社会不断发展，聚落由低级形式走向高级形式，形成不同规模和不同功能的居民点，构成聚落体系（图2-2）。

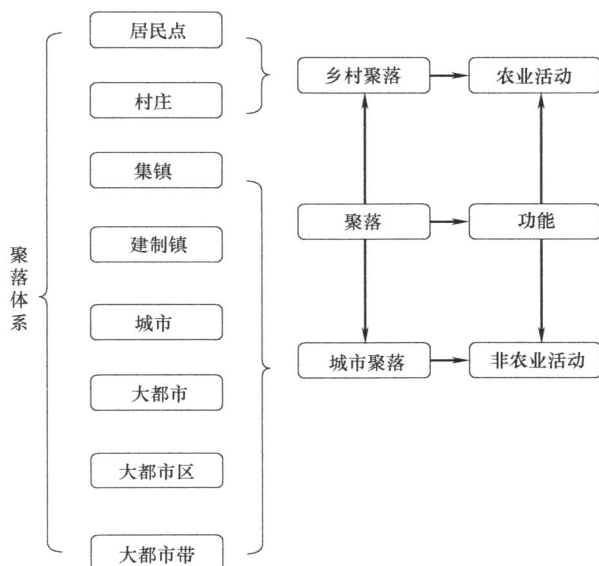

图 2-2　聚落体系（自绘）

首先，乡村聚落是农村人口居住的场所，也是农户进行生产或生活活动的空间，受地形、气候、水源、土壤和植被，以及文化传统、生活习俗、宗教信仰和生产方式等人文要素等影响，形成形式各异的乡村聚落，村庄聚落分为小村（庄）（hamlet）、村庄（village）。主要功能是从事粮食生产、农产品加工、农家乐、乡村生态环境的保护，以及乡村地域文化的传承与保护。

其次，城市聚落系统包括镇（集镇、建制镇）（town）、城市（city）、大都市（metropolis）、大都市区（metropolitan area）、大都市带（megalopolis）。从城市基础功能上看，城市是人类走向文明与成熟的标志，也是人类群居生活的高级形式，西方城市发展始于希腊，城市的发展与城邦制度相联系，城邦都是以一个城市为中心的国家组织，随着公共产品的不断扩展和延伸，城内商业活动的场所、剧场和教堂等设施逐渐拓展。从城市发生学的角度看，城市是全人类三次大分工的产物，以墙垣围绕进行交易的区域被称为城市。从系统论的角度定义，英国经济学家巴顿将城市定义是在有限空间内，由住房—劳动力—土地—运输等多项经济活动交织在一起的网状系统；钱学森认为城市是以人为主体，以自然环境和空间为载体，以经济效益和社会效益为目的，集人口、经济、技术和文化的空间地域大系统。

在我国最早的城市据说起源于三皇五帝之都，考古发掘最早城市是在夏朝时代的4000多年的夏代建筑，形成的"内之为城、外之为郭"，早期的城不具有宗庙宫室、交易市场、手工作坊等物质空间，原始的城仅是防御功能，没有商品交易功能，在很大程度上将其作为城市的雏形。到了春秋战国时期，诸侯之间相互割据战争，筑城防御成为国家一项基本生产活动，城市必须有坚固的城墙和庞大的城池。到了秦朝统一以后，汉朝长安的城市功能比较齐全。

从以上分析可以看出，"城"是用来防卫的城墙围圈起来的地域，随着商品经济的进一步发展，由于城中的"市"将会吸引更多人口来此集聚，由此产生的固定位置，形成了"市井"，市是城内商业活动的交易场所，两者合成为城市。

2.1.3 乡村聚落与城市聚落的区别

城市聚落是在乡村聚落的基础上发展起来的，两者既有区别又有联系，本书主要讨论乡村聚落和城市聚落的主要区别（表 2-1）。首先，从环境状况看，乡村聚落主要是基于原生态的宜居环境，城市聚落是在人工改造的生态景观，城市环境是在人工干预下维持城市大气环境清新。其次，从基础建筑和道路方面看，乡村聚落内部的建筑物密度较低，道路网络较少；城市聚落由于土地资源较为稀缺，道路网络较为密集，在建筑物规划上必须高效集约利用土地，导致建筑物较为密集；第三，从人口密度方面看，乡村地域在发展初期较多，但是区域面积较大，乡村人口密度较低。随着城市化进程的不断加速，城市人口数量在逐渐增加，带动人口密度较高。第四，从功能方面看，乡村聚落具有居住和农业生产等功能，随着新农村建设带动乡村聚落功能不断完善，乡村还具有维持生态平衡、生态旅游、文化传承与保护等功能。城市不但具有交通、居住、生产和游憩四大功能，还肩负着政治、经济、文化传承等多重功能。第五，从生活水平上看，乡村聚落由于基础设施不太完善，居民生活、就医、游憩等生活质量较低；城市在基础设施建设、人力资源和科技要素相对发达，以及人工景观的不断完善，给居民带来较为舒适的生存空间，带动居民的生活质量在不断提升。第六，从形成的历史条件看，乡村聚落是在第一次社会分工基础上形成，城市聚落是第二次社会大分工基础上形成。

乡村聚落与城市聚落对比　　　　　　　　　　　　　　　　表 2-1

比较项目	乡村聚落	城市聚落
形成条件	第一次社会分工	第二次社会分工
环境状况	自然生态	人工生态
建筑物与道路网密度	低	高
人口数量与人口密度	少、低	多、高
功能	单一化	多元化
生活水平	低	高
职能	农业	非农业

资料来源：作者根据积累资料整理①②。

2.2 城市

2.2.1 城市的概念

一是在《辞海》中，"城市"被解释为人口高度集中、工商业高度发达，居民以非农

---

① 刘易斯·芒福德著. 城市发展史——起源、演变和前景 [M]. 宋俊岭译. 北京：中国建筑工业出版社，2004.
② 夏建中. 城市社会学 [M]. 北京：中国人民大学出版社，2010.

业人口的地区，通常为周围地区的政治、经济、文化中心。在城市规划基本标准术语里，将城市定义为"以非农人口和非农人口聚集为主要特征的聚集点"。地理学科将城市定义为地处交通条件比较便捷、覆盖有一定面积的人群和房屋的集合体。在经济学领域认为城市是有一定面积，布局在有限空间上的各种经济市场，包括住房、劳动力、土地、交通运输等要素，相互交织在一起的网络系统。在社会学领域将城市定义为人口相对集中、密集居住和在地理上有界的社会组织形式。在发生学领域将城市定义为社会发展到一定阶段的产物，是人类社会三次大分工的产物，以墙垣或者城郭围绕进行防御的固定区域。综合以上定义，笔者认为城市是在一定区域内不断扩大规模和不断完善功能，是以土地为载体，以发展经济活动为动力，以人口为主体的地域综合体。

其次，城市功能是以工商业活动为主导，具有政治、文化、居住、交通、游憩等人群居住的场所。城市聚集可以定义为是人口、经济、技术、文化和建筑物有稀疏向密集转化的场所。城市区域定义为集中多种功能，通过辐射城市以外的广大地域。城市景观的定义，根据景观学可知，是以人工改造的景观为主体的景观聚落地带。

2.2.2　城市的基本特征

一是城市是文明的象征。从最初的聚落，到后期的城市，占据整个地球的面积比重较低，但是这一聚落聚集着大量的人口和经济财富，是人类物质和精神财富的生产、集聚和生产扩散中心，更是人类文明的外在象征。据不完全统计，如我国部分城市建成区约占国土面积的 0.2%，但其容纳了大约 16% 的人口、50% 的零售业和运输业、60% 的用电量、70% 的工业产值和 90% 的高等院校。因此，城市是高度文明的象征。

二是城市是经人类打造的景观。在聚落发展到一定阶段以后，需要对聚落进行修建和装饰，经过不断探索，城市在乡村的基础上，经过科学规划，改变了以往乡村中小尺度的地形、地貌和生态系统，是经过人类改造，具有人文要素的城市景观。综上所述，城市是人类对自然生态系统干预最为强烈的地方，是以人文要素为主的一种地理环境。

三是城市是脆弱的生态环境系统。经过人工改造的生态系统，是人类受自然生态环境感知最为敏感的区域，主要是城市具有居住、交通、娱乐、维护大气环境清新的复杂多变的事物，注定城市与外界具有千丝万缕的联系，包括维持生态系统的能量必须依靠外界输入，消费以后产生的废弃物，输送到系统之外。一旦发生自然灾害和其他灾害，受到伤害最大的是城市生态系统。因此，城市是一个脆弱的和复杂的生态系统。

四是城市是一个复杂的巨系统。城市以一个复杂和处于动态变化的巨大系统（图 2-3），在推动城市发展变化的因素，来自自然界气候、水文、天文、生态环境等多项要素，以及来自人文领域的历史、社会、经济、历史、民族和艺术等要素，在各个要素的共同交织和互相作用下，使每个城市在共性之下又有个性。所以城市具有很多的不确定性。因此，把握城市作为巨系统的这一特性，要求城市管理当局，须要以大数据为支撑，来规划和管理城市的发展战略，做出更为理性的决策，减少主观性和盲目性。

2.2.3　城市功能

一是城市功能的定义。周一星（1994）认为城市功能即城市职能，是在经济社会发展

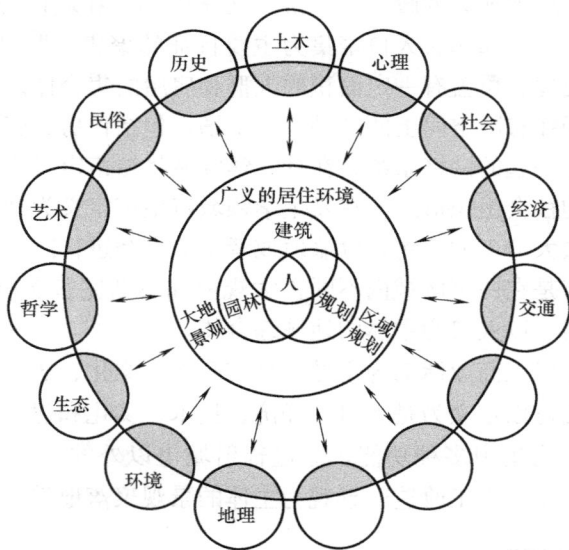

图 2-3　城市复杂巨系统（百度）

过程中[①]，有城市内部结构性因素决定城市的机能，是在一定范围内发挥政治、经济、文化、社会活动发挥的作用。芒福德教授认为，城市功能主要化力为形式、化能量为文化、化生物繁衍为社会创新时所要发挥的作用。笔者比较同意以上两位教授的对于城市功能做出的界定。本书认为城市功能是城镇化存在的本质特征，是城市发展的一种活力的表现。城市功能具体来说在 1933 年在现代国际建筑协会的会议主题上，发表了《雅典宪章》，明确指出城市具有工作、居住、交通和游憩四大功能。到 1977 年以《雅典宪章》为基础，发表《马丘比丘宪章》表达了人类对城市"宜人化"的生产空间的追求，旨在建设公共交通导向，建设紧凑性城市，解决自然资源不可持续的消耗。到了 1999 年发表的《北京宪章》，主张用系统的思维考虑城市功能，提出重视城市人居环境的营造，实现可持续发展的道路。

二是城市功能的特征。通常城市功能是随着时代的演变而不断完善，具有整体性、结构性、层次性和开放性。（1）整体性，从系统论的角度看，城市的各种功能是相互作用下形成的有机整体，而不是各种功能的简单叠加。虽然各种功能作为城市功能的一个分支，而是按照城市整体来发挥着各自的作用。因此，每个功能的活动受到整体功能的影响和制约，在考虑城市功能过程中必须强调城市功能的整体性，否则城市功能将会失去原有的作用和功效；（2）结构性，城市功能主要是由于内部结构来决定，这种内在结构是指城市的经济、政治、社会、文化等多项要素之间与系统整体之间进行互相联系和互相作用的方式，主要是各个要素的进行有机结合，才能形成城市的整体结构，各个要素表现的有机结合，进而对城市功能分区产生较大的影响；（3）层次性，在城市功能不断完善过程中，是由不同层次的系统构成的巨大系统，由巨大系统和子系统在所属关系上形成不同等级的功能，形成城市功能的层级性。由此在不同层级的城市之间，既有共同的运行规模，又有城

---

① 周一星 著. 城市地理学 ［M］. 北京：商务印书馆，2013.

市功能特殊的运行规律，带动城市功能之间形成相互依存、相互作用，又相互区别和相互制约的复杂关系；（4）开放性，在城市各功能之间，都具有一定的地域范围，伴随着城市经济的发展，在区域范围内将会带动区域以外的人流、物流、资金流和信息流，通过各种经济活动，利用各种交通工具形成经济地域运动，最后汇聚在城市范围之内。经过对城市产业结构的优化组合，进而产生能量的聚集效应和放大效应，促进城市功能更加完善。

2.3 城镇化

城镇化相比城市化稍晚出现一段时间，是我国学者创造出来的新名词。都市化、城市化和城镇化是一脉相承的词群，从词义上可以被看成具有层级性，城市化英文为 Urbani-zation。到 20 世纪 90 年代我国著名经济学家辜胜阻在他的专著《非农化与城镇化研究》[①]中，初次使用并拓展了"城镇化"这一概念，在后续的研究中，他利用中国城镇化的相关概念，获得更多颇有见解和影响力的研究成果。基于以上分析，笔者认为城市化通常用于经济相对发达地区，最后一级是城镇化，用于经济相对落后地区。因此，经过查阅文献和结合实际情况，在本著作中使用"城镇化"一词比较合适。城镇化通常情况按着发展主体可以分为"人口城镇化"与"土地城镇化"，按着时序可分为"传统城镇化"与"新型城镇化"。因此，本书仅对传统城镇化与新型城镇化，人口城镇化与土地城镇化的概念进行界定。

2.3.1 传统城镇化

第一，美国地理学 R. M. 诺瑟姆指出人口城镇化过程像一条 S 形曲线（图 2-4）。（1）当城镇化水平小于 30% 属于初级阶段；（2）当城镇化水平处于 30%～70% 时，属于加速阶段；（3）当城镇化水平超过 70% 时，属于成熟阶段，城镇化速度开始放缓[②]。在美国《世界城市化》重将城镇化界定为人口从乡村向城市转移，从事非农业活动和体验城市生活的过程；Kent 和 Jhon W. Prehn 认为城市化首先是中心城市向外围地域扩散辐射的过程，其次是城市的行为模式向外围过程转移和辐射，最后是城市化是城市人口不断增加的过程。

第二，国内学者叶裕民和张可云从城乡统筹发展的角度，将城镇化定义为由传统的农业社会向现代城市化社会发展的自然历史过程[③][④]。王耕源从土地转化的角度对城镇化进行定义，他认为土地城镇化的载体，城镇

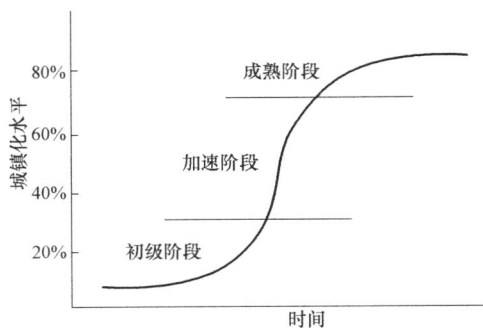

图 2-4 城镇化 S 形曲线图

① 辜胜阻. 非农化与城镇化研究 [M]. 杭州：浙江人民出版社，1991.
② 许学强. 中国城市化理论与实践 [M]. 北京：科学出版社，2012.
③ 叶裕民. 中国城市化与可持续发展 [M]. 北京：科学出版社，2006.
④ 张可云. 中国新型工业化与城市化的互动机制 [R]. 2006.

化是有从农业用地转化为城市用地的过程[①]。费孝通提出乡村城市化，将城市扩散到乡村地域，其中核心观点是"工业下乡"，将农村剩余的劳动力就地城市化，强调乡村工业实现城市化[②]。

第三，关于城镇化相关概念。陈明星认为城镇化应该从由数量向质量转型，认为健康城镇化是在一定范围内[③]，城镇化进程中的经济增长、土地非农化和人口迁移相协调，实现乡村人口到城市就业、生活质量的提升、生态环境的可持续发展，即自然资源的数量和质量一定适应城镇化的需要。最近又提出全域城市化概念，笔者认为全域城镇化以"四化"为基础，即景观的差异化、要素流动平等化、资源利用的高效化，公共服务的同质化。全域城镇化区别于传统城镇化主要是经济社会发展水平相对较高的区域，以全域为基础统筹配置各项资源要素，让城乡人口享受同质化的公共服务，进而实现城乡共同发达的基本目标。

2.3.2 新型城镇化

新型城镇化是在坚持"以人为本"的前提下，以新型工业化为基本动力，以统筹兼顾、环境保护、社会和谐为基本原则，走集约高效、城乡一体、功能完善、大中小城市、小城镇协调发展和区域联动的模式路子[④]。新型城镇化重在"新"上功夫，摈弃以往片面追求城市无序空间扩张、基础设施建设滞后和区域发展固化等弊端。追求较高品质的宜居和游憩空间，将城市功能逐渐向农村延伸，实现城乡一体化，改变以往传统城镇化的被动局面，进一步提升城镇化发展质量（表2-2）。

传统城镇化与新型城镇化对比 表2-2

内容	传统城镇化	新型城镇化
核心理念	重物轻人	以人为本
发展模式	外延式无序扩张	内涵精明式增长
动力机制	高耗能、高污染的工业化	环境友好型新型工业化
空间布局	城市居住与产业布局混乱，集中与分散不均衡空间形态	注重城市居住空间与产业布局协调，组团式、多中心、网络型的空间形态
城乡关系	城乡二元结构突出	城乡一体化、统筹兼顾
资源环境	粗放式经济发展模式，不利于经济社会生态的可持续发展	发展低碳、绿色经济，利于可持续发展
区域发展	城市之间资源效率较低，基础设施重复建设，地方保护势力严重	协调区域发展，去除行政壁垒，促进区域一体化协同发展

资料来源：根据相关资料整理。

2.3.3 人口城镇化

城镇化的本身含义就是农村人口不断向城市转移的过程，就是所谓的人口城镇化。通

① 王耕源. 城市化背景下的土地政策研究 [D]；长安大学硕士学位论文，2007.
② 费孝通. 乡土中国 [M]. 北京：人民出版社，2006.
③ 陈明星. 健康城市化：新的发展理念及其政策含义 [J]. 人文地理，2011，(1)：22-28.
④ 新玉言. 新型城镇化理论发展与前景透析 [M]. 北京：国家行政学院出版社，2014.

常由于农村生产力的发达以后，解放出更多的剩余劳动力进入城市参与非农业产业领域进行生产，带动城市人口不断上升。通常情况下人口城镇化是用城镇人口的总数占全市人口的比例来衡量。

2.3.4 土地城镇化

土地作为经济发展重要要素之一，属于经济发展中重要元素之一。吕萍指出土地城镇化某一区域在城镇化过程中，土地条件由农村向城镇形成转化的程度，属于衡量这一地区城镇化水平高低指标之一[①]。笔者认为土地为城镇化提供载体，必须将土地资源作为基本的先决条件，王洋指出土地城镇化进程中如何选择衡量指标的问题，提出以"城市建设用地/城区面积"的比例来衡量土地城镇化，即 $LUR = (UCA/UA) \times 100\%$[②]。由于受到统计尺度的差异，笔者认为现实中应以城市建成区面积占城市总面积的比例来衡量土地城镇化水平比较切合实际。

2.3.5 城镇化发展质量

以往关于城镇化发展没有一个公众认可的概念，陆大道院士（2013）指出城镇化发展质量是人口就业、教育医疗、社会保障、基础设施、环境保护等方面的水平（保障程度和公平程度），产业结构和就业的改善、城市基础设施和人居环境的优化等[③]；叶裕民（2000）指出城镇化包括两个方面，其一是城市发展质量，即城市现代化质量；其二是城镇化域面载体—城区的发展质量，即城乡一体化的质量[①]；综合以往概念笔者认为城镇化发展质量是与城镇化数量相对应的综合概念，主要表征在城镇化道路上各项因素发展的优劣程度，包括城镇化的人口、经济、空间、社会保障等组成要素的发展程度、协调程度和推进效率等。

2.4 城镇化协调与耦合

2.4.1 协调与耦合的概念

首先，协调是专指为了实现组织的某项目标，采用有效的和积极的方法处理组织内外的各种关系，为组织正常运转提供良好的环境和有效的运行条件。协调性（Coordination）是指事物发展的各个环节上数量、品种、进度和投入产出等要素，形成紧密衔接和相互配合的关系。其次，耦合是物理学里的专有名词，主要是表达两个或多个电路元件输入与输出之间存在的相互影响和相互作用，通过相互作用由一侧向另一侧传输能量的现象，耦合度（Coupling）也称耦合性，是对模块之间关联程度量，各个模块之间的关系越紧密，说明耦合性的强度就越大，相对的模式之间关系越分散，说明耦合性的强度就越小。

---

① 吕萍，周滔. 土地城市化与价格机制研究 [M]. 北京：中国人民大学出版社，2007.

② 王洋，王少剑，秦静. 中国城市土地城市化水平与进程的空间评价对 [J]. 地理研究，2014，33（12）：2228-2238.

③ 陆大道. 地理学关于城镇化领域的研究内容框架 [J]. 地理科学，2013，33（8）：897-991.

④ 叶裕民. 中国城市化质量研究 [J]. 中国软科学，2001，（7）：27-31.

2.4.2　城镇化的协调与耦合

从系统的角度讲，城镇化是涉及人口、空间、经济等多个维度，在推进城镇化进程中，不能单方面强调城镇化，高质量的城镇化应为人口—经济—空间等多个模块在推进过程中形成的紧密配合、相互衔接，建立城市有机综合体，让城镇化得以正常运行，促进城镇化的耦合协调发展。人口是城镇化的主体，在城镇化进程中，"人"为了获得更高的经济收入和高质量的生活环境，由农村向城镇转移，促进城市住房面积的扩大，创造更多的就业岗位，打造和谐宜人的居住环境。空间是城镇化的载体，土地由农地不断城市用地转换，为人类发展提供载体。如果空间载体过度发展，超越人口发展的实际需要，将会出现城市规模无序蔓延和土地利用效率低下等现象，这与我国人多地少的现实国情发展相悖。因此，在新型城镇化道路上，必须促进人口城镇化与土地城镇化的协调发展，实现城市人口规模和城市空间（基础设施）建设相匹配，让人口与土地城镇化在推进过程中，建立互相协调和共同促进的发展态势，促进经济、社会、生态的可持续发展。

2.5　本章小结

本章以聚落与城市的基本定义为切入点，利用理论推进等方式，阐述了聚落—城市—城镇化—城镇化协调与耦合等相关概念，重点分析相关概念的内涵和特征，具体结论讨论如下：

（1）聚落是乡村与城市发展的基础，由聚落发展到村庄，由村庄发展到城市，最后到世界中心城市，城市的升级需要一个过程，在这个过程中需要城镇化的多年积累和转化才能实现城市功能的不断完善。

（2）城市和城市功能方面。首先，城市的定义是指地处交通条件比较便捷、覆盖有一定面积的人群和建筑物的集合体，经过不断的积累和建设，城市的规模和功能不断完善，成为一个巨大的自然与人文系统；其次，城市具有工作、交通、居住、游憩四大基本功能，经过不断发展承担着政治、经济、文化和社会发展等功能。

（3）城镇化定义的界定方面。在传统城镇化方面是基于约瑟姆的 S 形曲线，分为城镇化初期发展阶段、快速增长阶段和成熟阶段，利用城镇人口占总全体人口的比例来表达城镇化，近期随着城镇化水平的不断提高，国家提出开启新型城镇化的发展时代，突出"以人为本"，提倡全域城镇化和健康城镇化，进而要提高全域城镇化质量。

（4）城镇化耦合与协调。从系统论的角度看，城镇化发展质量是在多个系统的共同集合起来形成的地域综合体、是以土地为载体、人口为主体，经济为动力，三者之间形成了"三位一体"，形成的相互协调与耦合，促进人口城镇化适应自然生态环境，进而实现人地关系协调。

第3章

研究相关理论

从区域经济学和地理学的角度，阐述了人地关系理论、空间结构理论、可持续发展理论、共生理论和系统论的产生背景、基本内涵，从中提出对城镇化研究的发展启示，作为本研究的基本分析工具。

3.1 人地关系理论

3.1.1 人地关系理论产生的背景

首先，在史前阶段是文化落后的时代，虽然没有文字记载，但是还可以追寻到原始朴素自然观的痕迹。在古代利用自然崇拜和占卜等技术，让初民臣服于大自然，在自然的威力下尊重自然规律，不要与大自然作斗争，人类在生产生活中的失败一切都归因于自然或者超自然的力量，但是人类不甘于做大自然的奴隶，还是超脱了自然的束缚。

其次，到了农业文明时代，人类逐渐摆脱自然界束缚，逐渐掌握改造大自然的能力，随着社会生产力的不断增强和科学技术水平的不断提高，使得人类克服地理环境束缚，让自然界的资源和环境为人类服务。虽然人类能破除自然界束缚，但是人类利用和开发自然资源的能力还是受制于自然界的束缚，使得地理环境对历史事件和历史时期仍能产生决定性的影响。

再次，近代工业文明时期，地理大发现带动人类不断探索更多陌生领域，带动整个世界成为一个整体，促进人地关系上升到一个新的发展阶段。从此以后，人类用300多年时间历经多次社会变革和观念更新，进而产生工业革命，人类认为摆脱了自然束缚，进而沉醉于征服自然的胜利。在随后的200多年的时间里，新的科技革命带动社会生产力的飞速发展，从表面上看人类具有控制自然的能力，部分人不自觉地认为"人类就是应该为所欲为"。

最后，当"第三次浪潮"来临时，带给人类切肤之痛是人地关系危机，使人类重新审视人与自然和谐这一古老的自然观。因此，虽然近代工业革命给人类带来了巨大的财富，相反引起人口数量的激增、资源环境的破坏，人类反思以后得到的结论是：人类终于形成共同的声音"我们只有一个地球，人类必须依靠地球"[1]。

---

① 赵荣，王恩涌 等. 人文地理学（第二版）[M]. 北京：高等教育出版社，2006.

3.1.2 人地关系理论的发展

一是关于国内人地关系产生的背景。关于人地协调发展和因地制宜的思想在我国的周朝时期就开始出现，在春秋战国时期管仲指出"地者政之本也，辨于土而可富民"，主要意思就表达了人类要顺应和合理利用自然资源的思想，虽然土地是国家政治的根本，必须合理利用土地才能使老百姓富裕。中国古代思想家、哲学家老聃也指出"人法地、地法天、天法道、道法自然"，核心要义是指人生在天地之间，必须遵守大地万物的生长作息的规则，大地成天，一切生物的繁衍和迁徙是依据自然气候的变化而开展，由此气象变化要遵从宇宙间的"大道"运行。著名思想家荀况指出"天有其时、地有其财、人有其治，夫是之谓能参"，重点强调依靠人的实践来证实自然规律。通过以上论述可知，在我国古代哲学思想中，人类具有"人和自然的和谐"和"人与人的和谐"的思想。孔子、荀子、刘禹锡等思想家始终倡导"天人合一"思想，或者倡导"自然界与精神的统一"，反对人与自然的分割和对立，促进天道和人道的一致性。综上所述，从古至今，东方文明主要考虑在自然环境领域尽量少取，将维持人类生产和生活的各类资源留给子孙后代，这是我国古代人地关系理论长期兴盛不衰的原因的之一。

二是国外关于人地关系产生的发展。在西方早有学者对人地关系进行系统地的探究。古希腊哲学家希波克拉底（前 460～前 377 年）在经历多次考察以后，在他的专著《论空气、水和地方》里重点讨论了人与自然和谐发展的关系，重点是强调自然对人类活动的影响；色诺芬（约前 430～前 377 年）分析了人地分配比重和人与土地之间的关系，是较早探讨人地关系的学者之一；柏拉图（前 428～前 348 年）在他的《国家论》提出理想国的设想，他认为规模为 5000 人的国家最合理。亚里士多德（前 384～前 322 年）认为维持人口数量是不能超过一定限度，才能建成最美丽和最理想的国家，国家的人口规模和土地一定要相匹配，才能促进人口与土地和谐。伟大的思想家恩格斯曾经指出"我们人类不要过分陶醉于征服大自然的胜利，对于每一次胜利大自然都对我们进行报复"[①]。

3.1.3 人地关系理论基本内涵

一是人地关系概念。人地关系泛指人与自然（man-nature relationship），实质是人类在自然界通过劳动，与自然界实现物质变换的关系，主要包括人和土地两大要素，人作为主体，土地作为客体。张文奎（1995）认为人地关系（people and land relationship）是在人与土地的关系中直接的人地关系（对应的土地如何利用问题）；人与人之间的关系（对应土地分配或土地管理制度的问题）是间接的人地关系[②]，以上两种人地关系具有多层次和多元结构的特征，通常包括三个层次的实质内容：在基本层次上是人口数量和土地面积的关系；中间层次是人口与资源、人口与食物的关系（土地承载力），最高的层次是包括人口、资源环境与社会经济可持续发展的关系。本书认同以往专家学者提出的相关概念，人地关系是在宏观层次达到人与大自然和谐相处，不能超越大自然的承载力来促进经济社会发展；在中观层次实现人口容量与土地资源相匹配，主要考虑土地是人类赖以生存的载

---

① Engels. Dialectics of Nature [J]. Moscow：Foreign Languages Publishing House，1954：23.

② 张文奎 主编. 人文地理学概论（第二版）[M]. 长春：东北师范大学出版社，1993.

体，如果人口数量与土地面积不相匹配，过度利用土地资源将会破坏生产资料，将不能实现可持续发展；在微观层次实现人与人和谐发展，促进人口素质不断提高，使得人与人之间自觉形成和谐共生理念，构建命运共同体，这才是人地关系的发展目标。

二是人地关系理论内涵。经过上文讨论关于人地关系的内涵，人地关系理论经过不断发展，在国内外已经形成多个理论，包括环境决定论、可能论、适应论、生态论和文化决定论等。首先，环境决定论是德国地理学家拉采尔（F. Ratal）所创立[①]，在他出版的《人类地理学》中指出"人是环境的产物，人类活动和生物迁徙要受环境限制"。随后他的学生森普尔（E. C Semple）出版了《地理环境之影响》一书[②]，将拉采尔的思想传播到美国，她指出"地理环境是影响人类社会生产的主要因素之一，虽然环境决定论有不足之处，但也有一定的指导意义"。随着科技的不断进步，人类依附环境力度将会逐渐降低，这也是人类社会向更高层次发展的重要标志。其次，可能论是法国地理学家维达尔·白兰士（Paul. Vidal de la Blache）创立[③]，他强调环境不是唯一决定性因素，注重人对环境的适应和利用。人本身具有选择能力，自然环境为人类生存与发展提供各种可能性，但人类要根据自身条件选择，才能使可能性变为现实物质。维达尔的学生让·白吕纳（J. Brunhes）在《人地学原理》中写道："自然是固定的，人是无定的"[④]，两大系统之间的关系会随时变化。随后吕·费弗尔（L. Felvre）将可能论称为或然论[⑤]，他将维达尔和白吕纳提出的论点归纳为"世界并无必然，随处都存在或然，人类作为机遇的主人，正是利用机遇的评判员"。在经过实践以后，可能论尚不能彻底解释人与地理的关系，这一理论是以心理因素，充当人类与地理环境之间的中介，对于促进人类认识环境重要性迈出了重要的一步。

3.1.4 人地关系理论对城镇化的研究启示

通过上文讨论可知，人地关系理论的核心内容就是达到人与自然环境协调发展，从农耕时代到工业化时代，再到知识经济时代带动人地关系发生了重大的转变。随着人类对资源的过度利用，导致生态环境承载力不断下降，呈现出环境污染和资源枯竭，严重影响了人类的生活品质。鉴于此，如何在有限的资源下维持城镇化高质量发展，成为当期各级政府必须关注的问题之一。鉴于此，在研究人口城镇化与土地城镇化耦合协调发展过程中，促进人地关系协调，减少资源浪费，实现"绿水青山就是金山银山"的基本目标，实现人口城镇化与土地城镇化健康、有序、高质量发展的基本目标。

3.2 区域空间结构理论

3.2.1 区域空间结构理论的发展背景

在 20 世纪 30 年代区域空间结构理论诞生，伴随着生产力水平的不断提高，原有的社

① F. Ratal. Human Geography [M]. Brown Co，U. S. 1992.
② 森普尔. 地理环境之影响. 陈建民译. [M]. 北京：商务印书馆，1997.
③ 吴传钧. 人地关系与经济布局：吴传钧文集 [M]. 北京：学苑出版社，2008.
④ 朱国宏. 人地关系论 [M]. 上海：复旦大学出版社，1996.
⑤ Barney Warf. Encyclopedia of Human Geography [M]. Rolf Janke，2005.

会结构面临重构，出现了生产地域分布不均匀，环境质量的下降和区域发展分化等问题。鉴于此，多位专家从宏观的角度调整优化产业用地结构、城镇体系结构和区域发展结构，使区域空间资源利用达到最大化。同时第三产业的发展模式也产生变革，导致生产体系和服务的空间变化与重组，区域经济的集聚优势，在此影响了社会经济结构的发展，主要是工业园区、农业生产带、城镇居民点等空间布局的变化，这些问题的出现，使得区域空间结论成为一种指导当时区域空间优化的基础理论，并取得了很好的效果。

3.2.2 区域空间结构理论的内涵与构成要素

一是空间结构内涵。区域空间结构具有广义和狭义之分[①]。首先，从广义上讲，区域结构就是地域结构，在某个时空范围是自然、生态、经济、社会、文化等要素的空间组合，进一步反映出自然和人类活动作用与地球表面构建起的空间组织形态。地域空间是形式和变化，取决于构成要素及各种不同物质结构间的对应关系。其次，从狭义上讲，空间结构是社会经济客体在空间上相互关系和相互依赖，反映这种关系的客体和现象的空间集聚形态。

二是区域空间结构构成要素（图 3-1）。首先，点状要素和基本功能。"点"是最基本的空间要素，是线状物和面状物的最基本组成要素，点是有明确的区位属性，其一是绝对区位，描述了一个要素网络中点的精准位置，这个位置不能轻易改变。其二是相对区位，主要特定地理物象之间的空间联系，用空间距离和交通运输的难易程度来衡量。点状模式的表达地理物象是主要城市、集镇、聚落、矿点、风景区、旅游景点、绿洲等；其次，"线"要素是点状要素链接组成，一系列按着某个方向或者规则排列的点，线要素包括起点、终点和方向三要素，地理物象主要包括交通线路、能源供应线路和通信线路等。其中交通线路是空间经济活动的基础和地理空间扩展的决定条件。主要表达的物体有铁路、公路、航道、管道、输油管道、通信线路等；最后，面状要素，也称为域面要素，是域面在空间上延展的地理物象，域面是以点和线状的空间要素为基础，在一定的空间范围内，主要特征是其面积大小的可测性、界限非规划性、不确定性和类型的多样性。适合表达面状的地理物象主要有国家各级行政区、规划区、经济区、文化区，以及自然现象形成的大洋、大湖和平原等。

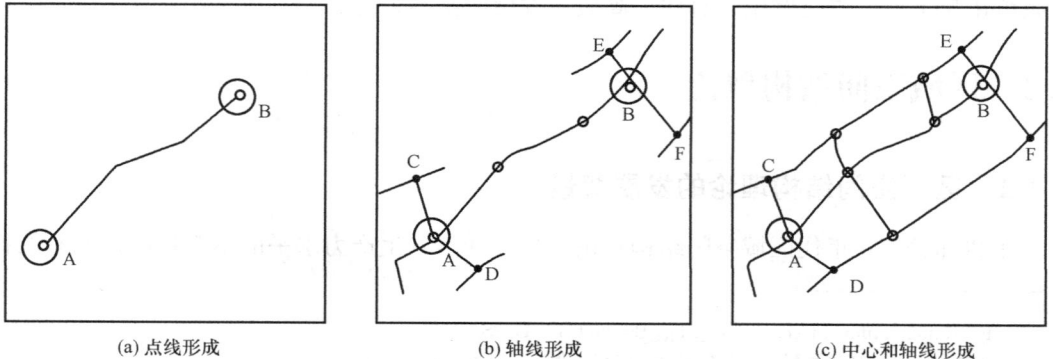

(a) 点线形成 (b) 轴线形成 (c) 中心和轴线形成

图 3-1 空间结构要素（改绘）

---

① 陆大道. 区域空间结构 [M]. 北京：科学出版社，1995.

3.2.3 区域空间结构要素组合模式

依据空间结构的含义可知，人类活动与具体地域相结合所形成的区域空间结构有多种地域模式，首先以"面域"要素为基础，可以抽象地理解成没有任何地表差异的单调平面，在面上分布着点状要素和线状要素，构成点—面、线—面的地域结构，与点—点、线—线、点—线模式不同，它们以域面作为支撑，其基底是连续排列和地域之间由交通线路之间连接，根据这种地域差异，空间结构地域模式分为基底连续和非基底连续两种地域组合模式。

通过表3-1和图3-2可知，空间构成要素的组合模式分为7种模式，分别是点—点模式，主要是节点系统，包括村镇系统和城市体系；点—线组合，主要有经济枢纽系统，包括交通枢纽和工业矿点枢纽等，如北京和沈阳；点—面组合主要是城市—区域系统，包括城镇集聚区和城市经济区；线—线组合为网络设施系统，包括交通线路、电力网络和给水排水系统、能源供应线路等。还有线—面、面—面组合等系统，最后是点—线—面组合主要是空间一体化系统，包括等级规模系统。

空间结构要素的组合模式　　　　　　　　　表 3-1

要素及其组合	空间子系统	空间组合类型
点—点	节点系统	村镇系统、集镇系统、城市体系
点—线	经济枢纽系统	交通枢纽、工业枢纽
点—面	城市—区域系统	城镇聚集区、城市经济区
线—线	网络设施系统	交通通信网络、电力网络、给水排水网络
线—面	产业区域系统	作物带、工矿带、工业走廊
面—面	宏观经济地域系统	基本经济区、经济地带
点—线—面	空间经济一体化系统	等级规模体系

资料来源：根据相关资料整理。

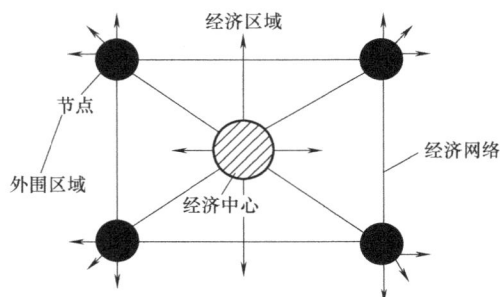

图 3-2　区域空间结构组合模式（改绘）

3.2.4 区域空间结构主要理论

一是增长极理论。在20世纪50年代由法国经济学家佩鲁提出增长极理论，随后经过布代维尔和缪尔达尔等专家学者对其进行不断完善和补充。核心要义是利用区位优势和推动产业空间不断向更高层次发展，形成极化效应和扩散效用等两种经济运行机制。以上两种效用可以理解为在区域空间的组织演化过程，在区域经济发展的不同阶段发挥的作用不同，在初级阶段增长极是以极化为主，当发展到一定阶段以后扩散效应发挥主导作用，推动区域经济从不平衡向平衡的更高层次方向的发展。

二是点轴理论。点轴理论最早是由波兰的萨伦巴和马利士提出，主要是根据增长极理论和中心地理论构建起来。中国科学院陆大道院士经过推敲以后，提出点—轴理论，点—轴理论是"最佳结构和最佳发展"的学说[①]，主要是利用交通线路带动周边地区社会经济结构不断向前发展，使得区域之间和地域之间形成"点—轴"空间。由于不同国家和区域之间所处的自然禀赋和社会经济发展水平都各不相同，"点—轴"空间结构的形成具有不同的内在动力机制和具有不同规模和等级。在现实中，国内利用"点—轴"系统理论指导各地进行空间布局，取得很好效果。

三是核心—边缘理论。根据20世纪中叶美国区域经济学家弗里德曼提出扩散理论机理和结节性区域的核心—边缘理论。核心观点如下：其一是在某个区域范围内可以分为若干个核心区和边缘区，核心区是社会经济活动聚集点，核心区和边缘区组建起严密的空间系统，属于结节性区域。其二是核心区域从边缘区吸引各种生产要素向核心区聚集，另一方面核心区达到一定阶段以后，引领边缘区的区域空间结构向平衡结构发展，从而促进整个空间系统得到发展，这两类区域之间存在信息传播、人口迁徙和投资转移等三种空间过程。各种空间作用的力度也不均衡。

四是梯度推移理论。经济学家弗农根据产品周期理论提出梯度推移理论，主要讲述了任何一种产品在进入市场以后要经历诞生期、发展期、成熟期和衰退期四种阶段，处于不同发展阶段的产业对每个单一性生产要素需求程度不同，导致产业布局也不尽一致。梯度推移理论表达的内容如下：

首先，区域经济发展水平取决于主导产业产品在每个周期所处的发展阶段，由于所处阶段不同，在客观上形成了不同梯度发展阶段；在区域经济创新发展过程中，从新产品、新产业、新技术和管理方式都源于高梯度地区。随着时间的演化，产品所处生命周期阶段将带动创新技术、产品、产业开始向低梯度地区转移；其次，梯度推移主要依托区域之间联系，推移方式分为邻近推移和梯度推移两种，邻近推移是经济联系密切的城市、城镇或者乡村地域扩散，形成一种依附关系，逐渐走向一体化或者同城化，如沈阳—抚顺之间的同城化。梯度推移是经济技术梯度（并非依据距离远近），由第一梯度向第二、第三或者更低梯度地区转移，这两种梯度推移主要区分，是推移的对象是否在区域上具有毗邻性；第三，每个区域所处的梯度不是一成不变的，需要从相对和发展的角度去审视。当高梯度发展区域不注重创新和技术革新，后发地区将会超越高梯度地区，相反处于低梯度地区积极技术创新，吸引大量的人才来此就业，加快地区发展，将会以跨越式发展模式被列为高梯度地区。

3.2.5 区域空间结构理论对于压就城镇化的启示

在上文中阐述了区域空间理论以后，对于指导乡村地域空间有着重要的指导意义，在改革开放以后，我国开启了快速的城镇化进程，从根本上改变了大城市外围地区和交通沿线地区的整体面貌，不仅是基础设施和环境保护设施得到极大的改善，而且城市形象也有了极大的改善，进而促城乡要素之间的功能互补，形成了城乡边缘区，由此需要利用区域

---

① 陆大道. 关于"点—轴"空间结构系统的形成机理分析 [J]. 地理科学，2002，15（2）：1-6.

空间结构理论来指导土地城镇化的优化与发展和演进。从中得到的启示如下：

首先，根据区域空间要素理论可知，农村地域空间在优化布局时，需要充分考虑居民点、交通线路和能源输送线路、城镇发展带之间关系，即点—线—面之间的发展关系，依据空间要素的组合模式来进一步做好乡村地域空间的规划，将土地空间、资源利用、人口就业的效应达到最大化。

其次，在区域空间理论的指导下，借鉴增长极理论和梯度推移理论在县域经济发展过程中，借助区位优势和交通线路优势，来推动交通线路周边地域快速发展，促进部分乡镇成为地域发展的中心地域，形成经济上的增长极，当经济达到一定程度以后形成溢出与扩散效应，为低梯度地区输送更多技术、资源、产品、人才，以此来促进区域均衡发展。

第三，在研究人口城镇化与土地城镇化良性互动过程中，在区域空间范围内依据现有的发展布局，一方面是进行区域空间结构调整，对现有地域空间和地域功能进行整合和重构，使得地域之间联系更加紧密，形成经济发展带，为地方经济发展贡献更多力量；另一方面利用现有产业基础，根据地域空间规划和未来城市战略发展需求，逐渐调整产业结构，将新的技术、资源、信息、人才向该地区聚集，主要促进地区经济向高梯度地区聚集，提升资源和土地利用效率。

3.3　可持续发展理论

3.3.1　国内可持续发展理论诞生背景

一是国内可持续发展理论发展背景。我国一直是以农业经济来促进社会经济不断向前发展，可持续发展思想在我国可谓是源远流长。一是在3000年以前的《管子·揆度》中就曾经提出"不利其器，烧山林，破增薮"的说法，意味着过度破坏生态环境将会导致水土流失。战国时期《吕氏春秋义赏》也提出"杀鸡取卵、竭泽而渔、焚山林而猎取禽兽"[1]，核心要义是不要对资源过度掠夺，一旦超越资源环境的承载极限，生态退化是不可逆的。理性的人类应该懂得平衡生态效益与经济效益，而不是用杀鸡取卵和竭泽而渔的办法来掠夺资源。贾思勰在他的《齐民要术》中，分析经济关系和生态关系，指出"丰林之下，必有仓庾之坻"，表达的意义是优良的生态环境能够给人们带来很好的经济效应，如果去破坏生态环境，遭受损失的还是我们人类。明代朱熹从心性论的角度提出了"天人一理，天地万物集于一体"，同时指出"取之有时，用之有节"，主要是将生态系统看成一个整体，不要对资源过度掠夺。因为自然资源是有限的，必须分时分节去利用自然资源[2]。

二是古代人从资源稀缺性角度考虑，人类无穷无尽地对资源过度开发，只有合理配置资源才能促进资源可持续利用。基于此，在先秦时代，由于地广人稀，广袤大地被闲置，导致生态资源缺乏生产者，对农业生产极其不利。在有文字记载的文献中都主张增加人口，如《诗经·国风》把人口和土地看得一样重要，希望繁殖更多的人口与农业生产相适应。商鞅支持"民过地、地过民"都不好的思想，在此形成了集约经济的雏形。春秋时期

① 周国强，张青. 环境保护与可持续发展概论 [M]. 北京：中国环境出版社，2010.
② 张坤民. 可持续发展论 [M]. 北京：中国环境科学出版社，1997.

法家代表人物管仲提出反对意见，主要是指单纯地增加人口和土地不是增加财富的重要条件，人口与土地必须在量上相适应，才能构建符合社会经济发展的生产力与生产关系。经过不断地发展，我国人口数量急剧增加，人属于生产者，是物质资料的再生产的分支，又作为消费者。在清朝洪亮吉的《治平篇》中讨论了人口数量与资源利用之间的矛盾，主张人口增长必须与资源数量相适应，这是我国古代可持续发展的顶峰。在我国古代的各类经典名著中对可持续发展的经典名句和哲理名言不胜枚举。总体思想都是保护生态环境和节省自然资源，教育和警示人类不要去过度使用资源，让资源利用保持在合理的范围之内。

三是在我国古代由于没有外部性这一概念，但是也出现了很多将生产者外部成本内部化的思想。首先，对于开发自然资源要征收税款，以此来达到保护生态环境的目的。我国古代人形成了自然资源属于公共资源的思想，如想获取需要负税或付费。如古代朝廷征收山泽园林税，为了保证政府增加财政收入的同时，在一定程度上抑制生产企业外部不经济。在《周礼》曾经记载西周时期征收山泽税、征收矿税和盐税等。其次，利用法制手段来实现可持续发展，如在《韩非子》中早有记载"殷之法，弃灰于道者断手"，用法律来治理破坏环境的人。秦朝《田律》是我国最早的关于环境法律著作之一，主要想要利用法制手段来实现可持续发展。在我国北宋年间皇帝利用下诏书的方式，来实现保护环境的目的，如果发现过度伐木和破坏林地，将诏令地方官吏捉拿违反朝廷禁令的人。在我国古代关于过度开垦资源的禁令是很多的，如果民间敢违反朝廷禁令，将要承担刑事、伦理、道德谴责，或者付出生命的代价。国家的禁令在一定程度降低了生产企业的外部不经济，有效地提升了民间对环境保护和资源可持续利用的自觉度。其三，通过行政手段来治理外部性。古代朝廷设立专门的行政机构来保护生态和兴修水利，主要目的是保护生态环境和促进国泰民安。我国在史前专门设立治理水利的官吏，称之为司空，包括大禹治水。以及后期秦国李冰父子修建四川都江堰。那时就有懂得水是保障农业发展的根本，只有将水患治理好才能促进农业可持续发展。另一方面设立专业保护生态环境的管理部门。在帝舜时期专门设立管理山、川、林地、草木、鸟兽的官员，称之为虞，此后又设立虞部。在我国《周礼》之中也规定大司徒"以蕃鸟兽、以任土事、以毓草木"，主要任务是观察动植物的生活状态、促进繁衍生息。综上所述，古代官府引进懂得利用税务、法制、行政手段来促进资源环境可持续发展。时至今日在古代贤人思想和丰富的哲理指导下，可持续发展的思想已经提上日程。在党的十七大中将建设生态文明的战略写进了党章，为构建人口与自然和谐发展社会主义社会指明了方向。但是我国环境污染和资源利用问题日益突出，可持续发展还任重而道远。

3.3.2 国外可持续发展理论诞生背景

在"二战"结束至20世纪60年代，世界各国在走出"二战"阴霾以后，经济逐渐得到恢复，但也发生了一些重大环境污染事件，像在20世纪英国伦敦的烟雾事件，日本熊本县水侉病事件等。随着全球人口增加、环境污染和能源危机等问题日益突出，此时人类开始反思只有实施可持续发展，才能让人类获得基本生存权和发展权。1962年，美国生物学家 Rachel Carson 发表《寂静的春天》[①]，指出由于农药污染所带来的可怕场景，在全

---

① Rachel Carson. Silent Spring [M]. The Riversides Press，1975.

世界范围内引起了强烈的反响。罗马俱乐部发表了研究报告——《增长的极限》，郑重地提出"合理的、均衡的发展"和"持续增长"的发展理念是维持人类社会发展的根本途径[①]。1987 年时任挪威首相布伦特兰在世界与环境发展委员会宣读了《我们共同的未来》的发展报告[②]，可持续发展理论得到全面论述，受到各国政府和舆论高度关注。在 1992 年联合国环境大会上各国参会代表同意《21 世纪日程》，会议结束之际发表《里约宣言》，可持续发展得到世界各国的认可，具有里程碑意义。从此以后，可持续发展理论成为我国经济社会发展的指导思想。在 1997 年在联合国气候框架公约制定《京都协议书》，这一协议书的核心目的是降低气候变暖的威胁，规定发达国家应该承担降低碳排放的义务，倡议在 2050 年之前全球气温应该降低 $0.02 \sim 0.28$℃，由此实现可持续发展的目标。2016 年在巴黎气候大会上的与会代表一致通过《巴黎协定》，各国代表同意减少温室气体排放量，增强应对气候变化的能力，这也是实现人类可持续发展具有里程碑意义的大事，为实现人口、资源、环境协调发展迈出重要的一步。

3.3.3　可持续发展的内涵

一是可持续发展的概念。可持续发展作为一种发展理念[③]，指导地区实现人地关系和谐，经过笔者查阅相关资料可知，可持续发展涉及自然资源、经济、社会、科技等多个方面。笔者分别对其进行定义：（1）从资源保护的属性方面看，可持续发展可以定义为加强环境保护和改善自然环境，达到人口与资源协调发展的能力；（2）从社会属性方面看，可持续发展是人类生产生活不能超越资源环境的承载力，进而节约资源能源的过程；（3）从经济属性方面看，可持续发展是在保护稀缺资源的前提下，在利用各类资源发展经济，实现经济效益最大化的过程；（4）从科技属性方面看，可持续发展是利用清洁、绿色生产技术，控制粗放和污染产业发展，由此减少对资源的破坏和降低能源使用的数量；（5）从学术的角度看，在《我们共同的未来》专著中，将可持续发展定义为在满足当代人的基础上，对子孙后代的资源环境负责。笔者认为可持续发展属于一个综合概念，主要是在保护资源环境的前提下，利用绿色科技生产技术促进各类生产和生活向生态化、绿色化和低碳化方向转型。在微观层次促进人类减少排放，实行清洁生产，使得资源在生产主体内部循环利用；在中观层次建立生态工业园区，促进资源在产业链上实现循环利用，尽可能减少向大自然排放废物；在宏观层面发展循环经济，将各类资源实行产业链管理模式，充分将各类资源进行资源化处理，尽快减少物质能量的减量化。总而言之，可持续发展宗旨是既要满足当代人的需要，又不占有子孙后代的根本利益，减量、绿色、低碳是实现可持续发展的基本路径；清洁生产是实现可持续发展的基本手段。

二是可持续发展理论体系。可持续发展理论在逻辑上主要体现在社会进步、经济发展和生态环境保护等逻辑思路上，只有将社会、经济、生态三者的有机统一，才能实现全社会的可持续发展，社会、经济、生态环境支撑着可持续发展的理论体系（图 3-3）。

首先，社会活动的可持续发展。随着科技水平的不断提高，促进社会的不断进步，带

---

① 德内拉·梅多斯. 增长的极限 [M]. 北京：机械工业出版社，2013.

② 世界环境与发展委员会. 我们共同的未来 [M]. 长春：吉林人民出版社，2007.

③ 盛连喜. 环境生态学导论 [M]. 北京：高等教育出版社，2003.

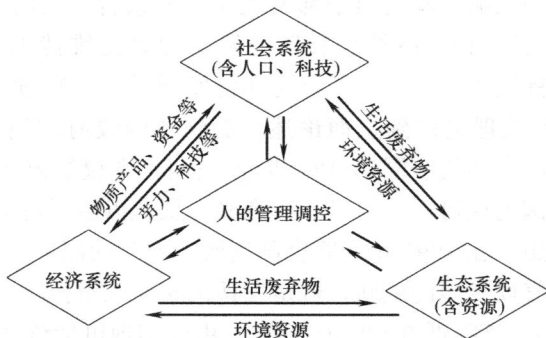

图 3-3   可持续发展结构

动人类社会生产、生活的不断进步。人类利用绿色生产技术、发展低碳产业，尽量使用生态环保类生活用品，减少一次性用品使用，促进社会发展与生态系统协调，这是社会可持续发展的主要目的。

其次，经济活动的可持续发展。根据库兹涅茨曲线变化情况可知，在经济发展初期阶段，由于环境保护的能力较低，在经济发展过程中环境污染与恶化现象非常严重。随着经济水平的提高和生产技术的提高，采取各项清洁技术来保护生态环境，环境会持续变好。从图3-3中可知，空间经济系统需要向社会系统提高更多物质产品和资金，进而提高人口素质和科学技术水平，为了降低生态系统的负担，走集约化和绿色化的发展道路，否则经济社会给环境带来巨大挑战，以及给人类带来沉重的打击。总而言之，经济发展不能超越自然承载力，不能以牺牲生态环境来换取经济社会的发展，这也是建立可持续发展的初级目的。

第三，生态环境的可持续发展。可持续发展的核心问题是维持生态环境平衡、降低污染物排放和资源重复循环利用，要求遵循"3R"原则，具体为减量化、再利用、再循环，英文为 Reduce、Reuse、Recycle。在封闭的生态环境系统内部，在宏观层面采取"面状循环"、在中观层面采取"线状循环"、在微观层面采用"点状循环"的发展模式，促进资源循环利用，突破过去"资源—产品—废弃物"的单项循环模式，转向以"资源—产品—废物—资源"的双向流动的循环模式，构建起循环经济系统。由此建议在社会系统将实施垃圾分类和废物资源化处理，将各种工业废弃物和生活垃圾吃干榨尽，促进社会和企业构建起循环经济系统，实现生态环境可持续发展的目标。

3.3.4   可持续发展理论对城镇化研究启示

在可持续发展理论提出以来，是国家制定规划各类资源和制定主题功能区划的主要依据，各地区依据资源禀赋、经济社会发展优势，促进生态环境与社会经济实现可持续发展。目前，我国城镇化水平已经超过50%，说明有一半的人口生活在城市，如何促进人口、资源、环境、经济、文化从整体上协调发展，应该在可持续发展理论的指导下，促进进城人口能安居乐业，土地资源合理利用和资源节约，经济发展绿色高效。鉴于此，应该以可持续发展理论为基础，利用各种技术手段测度人口与土地城镇化的耦合协调性，分析人口与土地两大系统的耦合性，从逆向思维的角度，解析人地关系的非协调性的形成原因，进而提出促进两大系统良性互动机制，为制定城镇化发展战略提供理论依据，具有重要的理论意义与现实意义。

3.4　共生耦合理论

3.4.1　共生理论发展背景与内涵

一是共生理论产生的背景。1879 年德国生物学家德贝里（Anton de Bary）提出共生效应这一概念，他认为"共生"属于一种自然现象，各生物体之间为了生存而在一起聚集（living together）[①]，按着某种方式进而互相作用和互相依存，形成协同发展的关系。随后德贝里又指出很多社会多个事物现象可以理解成共生，包括共存、寄生和腐生。西方社会学家认识到当前人与生物之间已经结成了互相依赖的共同体。因此，用"共生方法"的理论来设计生产生活体系，重点是指社会生产体系中多种因素的作用与关系。日本建筑大师黑川纪章（Kisho　Kurokawa）将共生理论的核心思想运用在城市规划领域[②]，认为城市是内部与外部、人与自然、技术和异质文化的共生，出现了城市功能秩序的多元共生现象。如城镇化涉及人口、生活方式、价值观念、居住方式转换等多项内容，总结起来主要涉及人口和土地的两大系统。人口是城镇化的主体，土地是城镇化的载体，只有两者共生协同发展才能形成良性互动机制，促进城市社会和谐发展。近期习近平总书记提到"人与自然是生命共同体"，人类在尊重自然、顺应自然和保护自然，构建生命共同体。

二是共生理论支持下"生命共同体"。生命共同体专指生命与生命之间相互之间依存的利害关系，以及生命与其他存在之间相互依存而产生的利害关系的过程，这个"其他存在"将会包含精神和物质两个方面。生命共同体主要包括以下几点：首先，生态领域的生命共同体，包括种群、族群、氏族、民族和国家等，在生态领域按着"物竞天择、适者生存"的原理，说明人类要与其他生命和平共处，促进动物、植物、人类形成"同呼吸和共命运"的有机整体。如在城市发展过程中，以往高耗能和高污染企业排放污染物，导致污染现象非常严重，给城市周边地区的生物、动物、植物、水源、土壤和大气带来严重的污染以后，最终遭受污染后果是全体生命。近期国家提倡社会主义新农村建设，为新农村建设做好规划，保护现有资源，让更多的人记住乡愁，鼓励走农业现代化的道路，为国家"三农"问题找到更好地出路，促进城乡统筹发展，城市支持农村，工业反哺农业，这也是在生命共同体的指导下促进人类社会向更高层次的发展的主要行动。

3.4.2　耦合理论发展背景与内涵

一是耦合理论的发展。耦合（Coupling）理论最早出现在物理学领域[③]，是两个或两个以上的能量或运动系统，在相互作用或彼此影响下形成的关联现象，是子系统之间的相互依赖、相互促进的动态关联。如果将耦合理论引入地理学领域，需要从生物和环境等两大系统来讨论耦合理论。在实践中自打地球上具有生命以后，环境与生物两大系统协调发展，在经过史前文明和工业化时代以后，生物活动对生态环境的影响日益严重，主要表现

---

①　胡守钧. 社会共生论 [M]. 上海：复旦大学出版社，2008.

②　胡守钧. 社会共生论 [M]. 上海：复旦大学出版社，2008.

③　倪亚洲. 基于共生理论的重庆山地规模住区发展研究 [D]. 重庆大学硕士学位论文，2012.

在人类活动破坏了地表，使得大气环境的改变和生物资源的锐减。在此背景基础上一种新的科学理念：人类—地球耦合系统脱颖而出，带动人类维持地球上生物平衡，构建大生物圈计划，生物圈参与地表、水域和大气圈中所有循环，人类是生物圈的重要组成部分。因此，充分认识人类与地球的耦合，研究人类与环境耦合协同发展显得尤为重要。

二是人地耦合系统的概念。人地耦合系统包括人口、经济和环境的耦合，属于一个嵌套层次的综合概念，是人类活动与生态环境两大系统之间，在相互作用和相互影响下形成的整合系统。人地耦合系统连接人类与生态环境系统的发展和反馈，是在某个尺度内形成的内部和跨尺度的相互影响组织，在形式上更加强调空间、时间、系统之间多维度的耦合性，说明人地耦合系统具有综合性和复杂性等特性。如果在人地耦合系统某个环节组织出现问题，导致人地耦合系统出现崩溃或混沌，呈现出的脆弱性比较明显。因此，在维持生态平衡过程中，必须注重自然生态系统、社会组织和经济组织对人地耦合系统的影响。

三是人地耦合系统特征[①]。人地耦合系统促进社会进步方面具有以下特征：（1）系统性，人地耦合系统涉及社会活动、经济活动、生态环保等多个领域，这是人地耦合系统的首要特征，在人类繁衍生息过程中，生态系统为人类提供生产生活的能源和资源，也是人类活动的载体。人类发展经济带动科技水平的进步，以此来促进人类社会不断探索和了解大自然和宇宙的奥秘，形成一个巨大系统工程，在某个系统内部出了问题将会影响到某个地域系统的发展；（2）综合性，在区域人地耦合系统内部，在某个特定空间尺度内或者跨尺度之外，涉及国家、省区、城市、农村、镇乡街等多个尺度，要素方面涉及自然环境承载力和人文社会环境、公共设施和人口密度、人口教育文化水平、住户收入状况。只有将以上各个要素综合才能形成一个完整的人地耦合系统；（3）区域性，在区域尺度内人地耦合系统具有与其他地区不一样的特征，作为一个区域人地耦合系统，受到资源禀赋、历史事件和外界干扰，导致地域内部有着巨大差异性，如我国分为南方、华北、东北、西南、西北和青藏高原等区域，在西北地区与其他具有不一样的人地耦合系统，主要是干旱区、沙地、戈壁和绿洲并存，人口以农耕和游牧为主，需要减少人口数量和保护生态环境才能维持人地耦合系统平衡；（4）脆弱性，脆弱性是在一定地域范围内形成多个脆弱性要素的综合表现，人地耦合系统脆弱性的指标表现类型是干旱少雨、洪涝灾害、水土流失、水源污染、风沙侵蚀和植被覆盖率下降等多项显性脆弱要素，还有更多隐性脆弱性要素，包括能源危机、地下水超采、海平面上升、人口疾病等多项因素困扰，给人地耦合系统健康持续发展带来巨大的挑战。

3.4.3 共生耦合理论对研究城镇化的启示

城镇化基本含义是农村人口向城镇不断转移的过程，涉及人口生活方式、价值观念、居住方式转换等多项内容，总结起来主要涉及人口和土地两大系统。人口是城镇化的主体，土地是城镇化的载体，只有两者共生协同发展才能形成良性互动机制，促进城市社会和谐发展。2014 年国务院发布了《国家新型城镇化规划 2014～2020》[②]，新型城镇化将成

---

① 袁纯清. 共生理论—兼论小型经济 [M]. 北京：经济科学出版社，1998.
② 国务院. 国家新型城镇化规划（2014～2020 年）[M]. 北京：人民出版社，2014.

为我国现代化发展的基本方略。在"传统城镇化"的基础上，新型城镇化是以"民生问题、生态低碳、促进可持续发展"为基本内容，目标只是实现平等、绿色、健康和集约的城镇化，实现区域协调、低碳绿色、集约高效和产业转型为核心内容的新型城镇化过程。

以人口和土地两大系统为主线，实现新型城镇化的基本战略必须在城市中构建人与自然资源环境、农村文化与城市文化、新兴产业与传统产业的共生关系，使得城市内部各种要素之间、城市与农村之间建立起共生关系。在未来新型城镇化道路上，以共生关系理论为基础，促进城镇化的健康发展。因此，在新型城镇化道路上，在推进人口城镇化进程中，必须创造更多的就业岗位，提升城乡居民收入水平，完善社会保障制度，提升人民生活水平。土地城镇化方面需要加大城市居住、医疗、教育、文化、交通和生态环境的基础设施建设力度，提高土地利用效率。本着增加居民幸福的基本目的，达到土地城镇化和人口城镇化的共生共荣目的，进而提高城镇化发展质量。

3.5　系统论

3.5.1　系统论的发展背景

1932 年，美籍奥地利人著名理论生物学家 L. V 贝塔朗菲提出系统论的思想，5 年以后又提出了一般系统论的原理，为这门科学奠定了理论基础，直到 1945 年《关于一般系统论》被公开发表[①]，在美国再次讲授一般系统论时，系统论才被学术界重视。系统论由最初的耗散结构论、协同论、突变论，即老三论，以及后期的信息论、控制论、系统论，即新三论。系统论的核心思想是任何事物系统都是有机的整体，不是每个部位或部分的简单相加，单个要素孤立存在没有任何意义。古希腊哲学家亚里士多德曾指出"整体大于部分之和"，就是对系统论很好地描述。

3.5.2　系统的基本特征

系统的核心是整体性，也是任何事物的核心，主要表现在整体功能上，形成了"整体大于部分之和"核心要义。系统研究的主要任务是从整体出发，研究系统整体与组成要素之间的相互关系和相互作用。在本质上能说明系统的基本属性。因此系统一般具有以下四个特征：

一是整体性。整体性是系统论主要特征之一，可以理解为整体大于部分之和，即子系统一旦构成系统整体，有独立要素所不具有的性质和功能，形成了系统质的规定性。因此，城市系统多个要素构建起的整体系统，一旦离开整体系统，发挥的作用和效果将没有实际意义。

二是开放性。系统的开放性是指系统在一定的环境中，与其他系统进行物质、能量和信息的交换，在各种信息交换中，系统将会经历从简单到复杂、从低级向高级、由无序向有序转换，进而实现不断优化。城镇化是乡村向城镇转换的过程，在特定的环境之中，将各类要素、物质、能量进行交换，进而使得乡村逐渐向城镇转换，再由城镇向城市转换，形成了生气勃勃和不断自我更新的目标。

---

① 苗东升. 系统科学精要 [M]. 北京：中国人民大学出版社，2012.

三是环境适应性。在系统中环境是系统的外部条件，是系统外部对该系统形成相互影响和相互作用的集合体。在整个大系统中，对于某个特定的子系统，另外存在的子系统就是它的环境。因此，城市在系统环境中需要与外部系统结合，形成城市系统。城市系统必须适应环境才会具有强大的生命力，如果不适应外部环境，反馈结果是城市的新陈代谢将会不正常，如果适应环境将会促进城市系统不断发展壮大。

四是层次性。系统层次性是指系统各个要素之间具有一定的层级分布，从时间上形成时间序列，从空间上形成空间差异性分布，进而在系统内部形成某种相互影响和相互依赖的特定关系，这种关系就是实践中的结构和秩序。因此，在城市建设和科学规划时，主要是要考虑城市系统管理、控制、分解过程，才能形成系统的层次结构，分析各个子系统在整体系统中所处地位和作用，目的是合理构建新的系统。

3.5.3 系统方法的基本原则

系统论对于指导经济社会发展具有一定的实践价值，总体上讲，整体与部分、层次、结构和环境是系统内部的基本关系。从实践方面讲，人类只有把握系统论的基本关系，才能正确认识系统。由此现将系统方法的基本原则进行详细介绍：

一是整体性原则，这一原则是系统方法的基本方法，如果抛开整体性原则，系统方法是没有任何意义的方法。如研究城镇化必须从系统的角度来研究，主要是因为城镇化涉及人口、经济、土地、社会和文化等多项因素，如果说城镇化仅是涉及"人口"，这样的城镇化是不可续的，必须将城镇化视为系统工程，保障居民的住房、就业、医疗、教育、文化休闲等，这样才能在整体上提升城镇化质量。

二是层次性原则，主要是要求人类在认识系统时，需要认识层次和整体的相互作用和影响。因此，在研究人口与土地城镇化耦合协调性时，必须充分认识到城镇体系之间、城乡之间、城市与城市之间的层次性。如果想要提升城镇化发展质量，分析各类城市之间的层级特征，认识到从大到小，从高到低的时空布局，才能对其进行科学规划，为未来城镇化制定出科学合理地发展战略。

三是结构性原则，这一原则要求人类认识系统必须注重各种要素的结构，结构变化对整体系统的影响，具体要求通过认识城镇空间和时序变化和数量结构，才能更加清醒地科学识别城市系统和未来城市发展导向。

四是与环境相关原则，在推进城镇化进程中，必须充分注意整体系统与环境之间的相互作用和相互联系。因此，在推进城镇化建设时，要从整体上认识到城市发展与环境建设，与环境规划、与资源可持续利用的关系，才能做好城镇化的健康发展。

3.5.4 系统论对城镇化耦合协调发展的启示

在现实中城市犹如一个巨大的系统，在这个巨大的系统中，涉及人口、土地、经济、文化、生态、基础设施和价值观念等多个子系统。每个子系统在发展过程中，离开城市这个巨系统，将会失去应有的价值。同时在测度和评价城镇化发展质量时，如果某一个系统发展水平比较低下，将会影响到城镇化整体质量的提升。因此，如果想要从整体上提升城镇化发展质量，在城市内部必须全面地和系统地去考虑城镇化发展的各项要素。从区域发展的角度讲，应该全面考虑高质量地区和低质量地区的全面协调发展的问题，只有从整体上考虑地区之间的差异，才能全面地实现新型城镇化战略。

3.6 本章小结

本章系统地梳理城镇化研究的相关理论，对每个理论的相关诞生的理论背景、基本内涵和实践指导进行系统分析，为后续研究做好理论准备。

（1）人地关系理论。人地关系理论主要是促进人口与资源环境协调发展，人口是城镇化的主体，土地是城镇化的载体，只有实现两者协调与耦合发展，才能实现人口、资源、经济的高质量发展。

（2）区域空间结构理论。区域空间结构是指导区域发展的基础理论，是以点、线、面等基础要素构建起地域空间结构，主要包括增长极理论、核心—边缘理论、点轴理论等基础理论，以上三大理论对于指导城镇化进程中合理布局和促进城镇化高质量发展，具有一定理论意义与现实价值。

（3）可持续发展理论。可持续发展理论经过不断发展，已经成为区域战略制定的指导理论，主要是促进社会、资源、生态可持续发展，促进人口城镇化与土地城镇化协调发展，地区人口与土地协调耦合。在未来发展过程中，需要经过地区合理规划，实现进城人口就业、生活幸福。在此基础上解放出更多农业人地，促进城乡土地均衡发展。

（4）耦合协调理论。耦合协调是两大系统之间形成的耦合关系，以人口城镇化与土地城镇化等两大系统为例，人口是土地城镇化的主体，土地是人口城镇化的载体，两大系统需要协调耦合。如果乡镇人口被过度城镇化，城市建设和基础设施建设滞后，那样将会超前发展形成"拉丁美洲式"的贫民窟式城镇化。如果土地城镇化过快增长，城市规模过快增长，将会出现鬼城和空城，只有两大系统实现高度耦合，将形成品质型城镇化。

（5）系统论。按着新的系统论核心内容可知，城镇的每个系统都是在整体中发挥各自的功能，具有系统论和整体论等特征。城镇化协调与耦合也是在系统论的基础上，由经济、政治、社会、文化等多个系统形成的系统工程，每个系统都在支撑着城市的运转。

第4章

辽宁省城镇化发展历史过程研究

城市发展犹如历史万卷书，一个城市从成立到成熟，需要经历一个漫长的历史过程。从历史的经验看，城镇化的发展既属于物质建设的过程，又属于长期的文化积累过程。本章以时代演进为研究主线，分析辽宁省古代、近代和现当代城镇化发展现状、特征和发展成就，重点介绍从古代到近代辽宁省城市发展情况和城镇化的基本特征。分析辽宁省城镇化取得成效和存在的基本问题。

4.1 辽宁省城市发展历史过程

4.1.1 辽宁省远古城市发展历程

辽宁地区城市发展可谓是历史久远，早在远古时代的 40 万～50 万年前，经过考古发现，在营口金牛山地区发现的金牛山人化石和遗址，距今已有 28 万年的历史，是辽宁省发现最早的人类聚落地，可以与北京周口店猿人遗址并驾齐驱。经过考古学家分析，在辽宁省朝阳市喀喇沁左翼蒙古族自治县发现的鸽子洞遗址和出土的石器文物，是旧石器时代古人类遗址，迄今已有 5 万年历史，还有沈阳新乐遗址是距今 7000 年前的新石器时期古人类遗址。由此说明辽宁省在 7200 年前，原始先民社会就呈现出繁荣的景象。以及在辽宁省朝阳牛河梁红山文化古遗址地区迄今已有 5000 年历史，从出土的玉雕龙猪和彩陶等文物来看，这一聚落已经初具国家雏形，更是原始文明社会的基本象征，标志着辽宁省是中华文明的起源地之一。尤其是在新石器时代，辽宁各地有肃慎、东胡等民族的先民在此活动，在中华民族的共同努力建设下，辽宁省与"中原古文化"形成了既有联系又有区别的"北方古文化"的区系，有效地促进辽宁省原始部落的发展。

4.1.2 辽宁省古代城市发展历程

第一，辽宁省在经历了夏、商、周三个朝代以后，地区内的手工业和畜牧业等初具规模，开始利用青铜器，吸引山东、河南和河北等地的人口向辽宁地区迁移，在辽河流域不断繁衍生息。随着铁器农具在农业生产中广泛利用，带动耕地土地面积在不断扩大和人口快速增加，为后期辽宁城镇发展奠定了基础。到东汉末期，由于各族统治集团相互争夺和盘踞，形成了分裂割据的发展态势。到了东汉和西汉时期，辽宁省的中部和西部地区就产生一些城镇，但主要功能是为了军事防御，经过不断发展，辽宁中西部城镇成为重要的战略要地和交通枢纽。

第二，在隋唐时代，辽宁省城镇就初具规模。在"安史之乱"以后，在松花江流域兴起了渤海政权，将辽宁省划为渤海国的势力范围，在公元926年契丹灭掉渤海国，建立大辽政权，此后女真部落抗击大辽。在公元1115年女真部落建立金国，形成了金朝与南宋对峙的局面，以及新兴的蒙古部落的崛起，先后灭掉金国和南宋建立元朝。在辽金时代多民族聚集在辽沈大地，由汉人、契丹人、渤海人和女真人在此繁衍生息，带动地区人口不断增加，辽金两代实施"因俗而治"的国策，带动辽宁省多个城市不断发展壮大，当时沈阳称为沈州，在公元10世纪初期至13世纪初期，是沈阳古代城市发展的关键时段，部分小镇作为政治和军事镇守的驻地，在一定程度上促进了城镇商业贸易的繁荣。主要有辽宁省的沈州（沈阳）、咸平路城（开原）、东京路城（辽阳）、盖州、贵德州（抚顺）、北京路城（喀左县大城子东门外）、广宁府（北宁）、兴中府（朝阳）等城镇，在不断成长中发展壮大，已经具备了东北地区城镇雏形。

第三，在元明时代，辽宁地区素有"边户数十万，耕垦数千里"的富庶农业区。在部分城镇的丝织、冶铁、制瓷业等不断发展兴起，金矿等也略有开采，鞍山铁矿开采设置铁榷，抚顺的煤矿开采带动制瓷。在以上产业的带动下多个城镇已经发展成为地方手工业和商业中心，尤其是以冶铁、制盐业为主的手工业发展比较迅速，如本溪是全国闻名三大冶铁中心之一。到了元朝，蒙古人经常进攻金国，在公元1214年金国走向灭亡，元朝政府为了巩固统治政权，在东北地区的驿站多达375处，为城市发展壮大奠定了坚实的基础。公元1287年元朝政府在辽阳设立行省，统辖黑、吉、辽三省，管理东北地区和乌苏里江以东地区。到公元1368年明朝军队进攻元大都，结束元朝的统治。在1371年明朝洪武四年将辽阳设置为辽都卫，随后在1375年明朝沿用元朝的管理模式，将辽阳设为东北地区最高的军政机构，管辖范围进一步扩大，西部到达山海关，东部到达鸭绿江，北部到达辽宁开原。据《辽东志》记载明朝政府扩建和新建多个驿站，增加军事防御效果，以辽宁省北部开原市为枢纽，形成了网络型的交通网络，带动开原、海城、绥中、凤凰城、牛庄等多个小镇的人口得到快速增加，奠定了辽宁省城市的雏形。

第四，在后金时代辽宁省城镇的发展，到了明朝中叶女真首领努尔哈赤用怀柔、武力和联姻等多种方式征服东北地区的多个部落，定都辽宁新宾，构建起了后金政权。利用奖励垦殖吸引关内大量移民迁入，带动耕地面积不断发展。在1603年后金首领努尔哈赤建立赫图阿拉城，随后又加筑一道外城，从此之后辽宁新宾赫图阿拉城分为内外两城，外城是军队由骑兵驻守，内城由皇家人口居住，全城总人口达到30000多人。随着赫图阿拉城规模不断扩大，并对其进行详细的布局规划，使城内规划布局更加合理。随后女真首领努尔哈赤起兵攻克了沈阳、抚顺和清河等城市，在1621年攻占辽阳府以后构建东京城，将后金都城前往辽阳。随后在1626年清朝开国皇帝努尔哈赤去世，他的儿子皇太极在奉天（今沈阳）登基，继续扩建沈阳城和建造宫殿，在公元1633年皇太极将沈阳改为盛京，带动沈阳城市规模成为东北地区的政治经济中心。

第五，到了1644年的顺治元年，清朝定都北京，带动满族八旗族人和官员都迁往关内，使东北地区人口数量不断缩减，多数土地荒芜和村庄凋敝。由于东北地区多年战争，居民逐渐流离失所，多数城市屡建屡毁，东北地区成为封禁之地。到清顺治十八年（1661

年）奉天府尹张尚贤指出，从辽宁省新宾县到山海关，东西之间距离达到千里之遥，由北部开原到大连金州，南北有千余里，形成了人烟稀少和土地荒芜的发展态势，仅有奉天、辽阳、海城等地还有点人气，而盖州、金州等城镇人口不过数百人，抚顺和铁岭城内仅剩流人。到了辽宁西部的千里之内，荒芜城堡和人去楼空迹象比较普遍。在清顺治十年（1661年）颁布《辽东召民开垦条例》中设置的辽阳府，管辖海城和辽阳两县，实行戍边开垦等活动，减征各项税务和鼓励旗人种地。虽然效果不是很明显，但是有一部分人开始回到家乡参与农业生产，另有一部分开始经过山海关进入辽宁地区，带动辽宁省人口不断增加。依据《盛京通志》记载，在1661年沈阳和锦州两地的新增人口就达到了5557人，到1668年辽西府的宁远、锦县和广宁的新增人口都达到16000人以上。虽然在总体上没有改变东北地区人烟稀少的现状，但辽阳、海城、宁远等城镇的人口有所增加，使得城镇规模在不断扩大。到康熙七年（1668年），清朝开始为了保存满族发迹之地和预留将来退守之地，对东北地区实行封禁政策。就是在此背景下，辽河沿岸的部分城镇得到快速发展，主要是我国中原地区的气候干旱，吸引大量农民开始向东北地区迁移，以及多数流民迁移到东北地区发展，到了道光三十年（1850年）带动辽宁省10多个重要节点城镇人口快速增加，包括奉天、辽阳、抚顺、本溪、锦州、兴京（辽宁新宾县西）、牛庄、铁岭、开原等10个城市，以上城镇已经成为辽宁省乃至东北地区的重要城市。

4.1.3 辽宁省近代城市发展历程

首先，从鸦片战争开始外国势力不断入侵中国，使我国进入半殖民地和半封建社会。在1858年英法联军策划发动第二次鸦片战争，强迫清政府签订《天津条约》，规定广州、厦门、宁波、上海和福州等地开口通商。在1861年营口开埠通商后，营口港的贸易额不断增加，带动辽河航运货物逐年攀升，多位外国人在营口设立银行和开设工厂，进一步带动营口城市规模扩张，使得营口成为东北地区首个近代的商业型城市。到光绪二十九年（1903年），美国和日本与清政府分别签订《中美通商续航条约》和《中日通航续航续约》，在沈阳、丹东和东港设立通商口岸。在此基础上辽河作为内河航运通道，随着航运能力的提升，带动辽河沿岸的许多城镇不断兴起，逐渐形成辽河沿岸带中城镇群（表4-1），到1904年根据日本人小平隆统计，到辽河上游的铁岭、开原、西丰、康平、昌图、辽源等县的人口总数达到210万人，此时以上地区18个市镇居住的城镇总人口超过29万人，说明当时辽河中上游的城镇人口已经接近30万人，占当时总人口的14%。

辽河流域带状城镇群		表 4-1
城镇化空间层级	特点	城镇名称
辽河沿岸码头发展而来的城镇	起步早、规模大、城镇人口	营口、新民、铁岭
辽河流域内，处于码头与粮食生产区的主要村落	依靠货物转运而发展起来的，大都是围绕码头而建成	昌图八面城、金家屯、西丰县

资料来源：辽宁省城乡建设规划设计院有限责任公司。

其次，在1896年沙俄政府与清朝政府签订《中俄密约》和《旅大租地条约》等不平等条约，主要是为了获得东北铁路的特权，随后开建中东铁路，形成了"T"形的主干线路，全程为 2425.3km，带动沿线沈阳、辽阳、大连等城市的交通条件得到改善。随着铁路的兴建，带动辽宁地区沿线城市人口数量不断增加，到 1937 年大连市人口达到 113 万人，到 1941 年奉天（今沈阳）的城市人口达到 143 万，丹东为 32 万人。带动沿线的开原、铁岭、本溪等多个城镇步入中小城市的行列。到 1906 年日本南满株式会社在东北地区疯狂掠夺资源型城市，带动本溪、鞍山、阜新、抚顺等资源型城市招募大量工人参与生产，带动家属和移民进入工矿区，使得城镇化水平不断增加。如在日伪时代，鞍山由钢铁资源发展起来的工矿城市，到 1934 年鞍山全市人口达到 30 万人，其中产业工人达到 11 万人，城市建成区面积达到 28km²，城市基础设施和交通设施都在逐渐完善，带动城市化水平不断提升。

第三，到 1931 年"九一八"事变，辽宁省彻底沦为日本帝国主义的殖民地，在日本帝国主义殖民统治下，由帝国主义发展工业化，带动城镇化不断向前发展。在 20 世纪 30 年代初期，日本侵略者为了达到资源掠夺之目的，在部分资源富集地区建设了大量的城镇，做了大量的城镇规划，说明辽宁省的城镇化受到殖民化影响较深。

4.2 中华人民共和国成立后辽宁省城镇化发展历史进程

4.2.1 辽宁省城镇化快速发展阶段（1949～1960 年）

在新中国成立以后，随着我国经济建设的不断加快，从"一五"时期到改革开放，辽宁省大致经历了城镇化的快速发展阶段、城镇化的调整阶段、城镇化的徘徊阶段[①]。1952～1960 年是辽宁省城镇化快速发展阶段。在中华人民共和国成立初期，辽宁省属于资源富集区，具有雄厚的工业基础，在苏联援建的 156 个重点工业项目就有 24 项落户辽宁省，吸引多数农村人口快速涌向城市，支援工业生产。在"一五"时期结束以后，辽宁省基本建成了国家的大型重工业基地，利用原有的工业化成果，促进辽宁省城镇化水平不断上升，到 1960 全省的城镇化水平达到 47.3%，而全国城镇化平均水平仅为 19.8%，相比全国城镇化水平高出 27.5%。从时间上看 1960 年的城镇化水平相比 1949 高出 23 个百分点，年均增加 2.1 个百分点。在这一时期带动大连、鞍山和抚顺开始进入大城市行列。

4.2.2 辽宁省城镇化曲折倒退阶段（1961～1965 年）

在 20 世纪 60 年代初，我国遭受三年自然灾害，国家开始调整经济结构，一方面是由于"大跃进"的路线违背了经济发展规律，使城市劳动力数量急剧增加，导致劳动生产率急剧下降和工农业发展非协调现象非常严重。另一方面实施人民公社和大食堂，降低了农户生产粮食的积极性，外加遭遇自然灾害和中苏关系恶化，苏联援建项目在技术上停止支援，迫使多个项目下马关闭，多数工厂职工只好返乡参与农业生产。面对此种形势，我国在 1960～1963 年实施缩减城市人口政策。鉴于以上多种因素，在这一时期辽宁省的城镇化水平由 47% 下降到 42%，说明辽宁省城镇化战略开始发生重大变化，政策因素导致城镇化水平快速下降。

---

① 陈亮. 近代东北区城镇化与工业化相互作用的过程分析 [J]. 城市发展研究，2004. 11 (6)：28-31.

4.2.3 辽宁省城镇化后退停滞阶段（1966～1976 年）

在 1966～1977 年我国发起了一场"文革"，导致辽宁省城镇化发展水平出现倒退，使得工农业生产停滞不前，国民经济秩序遭到严重打击，城市管理和规划工作一度停滞，导致辽宁省多个城市建设和管理比较混乱。在城里的青年、干部职工响应国家号召，实行"上山下乡"政策，原有正常的经济秩序被打乱，国家大政方针政策导致城镇化水平由 42% 下降到 35%，省内农业人口达到 2000 万人，而非农业人口由 1000 多万人降到 900 多万人[①]，导致城镇化出现大起大落的波动，对城镇经济和工业发展极其不利。

4.2.4 辽宁省城镇化较快发展阶段（1978～1990 年）

从改革开放至今，在此阶段辽宁省城镇化经历了快速恢复阶段和平稳增长阶段。首先，在 1978～1989 年属于恢复阶段。在此阶段"上山下乡"的人员开始逐步返回到城市工作和生活。到了改革开放以后，辽宁省作为我国老工业基地，需要更多农村劳动力进城参与工业生产，外加乡镇企业和县域经济发展壮大，进一步提升了城镇化水平，此阶段城镇化水平由 36.6% 上升到 51.1%，每年平均以 1.2% 的速度向前推进。

4.2.5 城镇化水平稳定发展阶段（1990～2018 年）

从 20 世纪 90 年代初期至今，辽宁省城镇化增长速度开始逐渐放缓和减慢（图 4-1），属于城镇化的平稳增长阶段。随着辽宁省经济结构的调整和服务业的快速发展，在工业化的带动下城市人口发生了快速增长，由 1990 年的 50% 上升到 2018 年的 68.1%，相比 1990 年提升了 18 个百分点，年均增长 0.68 个百分点，在全国省份中排名第四（不包括直辖市和港澳台），总体水平较高，但是城镇化增长速度开始放缓，进入了降速发展阶段。在 2009 年之后辽宁城镇化水平年均增长仅为 0.73 个百分点，低于全国平均水平 1.26 个百分点。在全国 31 个省份中增速排名为第 26 位（不包括港澳台）。原因是辽宁省作为全国老工业基地，受到资源型转型、结构性失衡、体制性衰退等交互影响，导致产业结构失衡矛盾较为严重，使得城镇化发展模式和动力机制也需要重新审视。

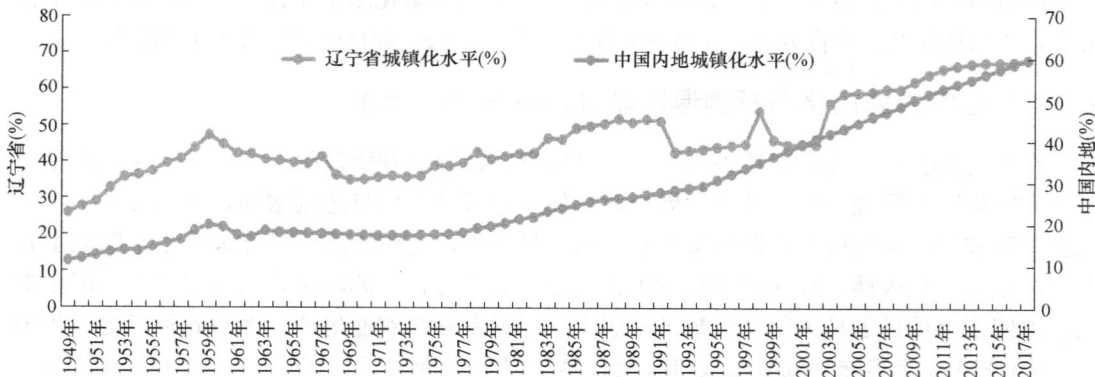

图 4-1 辽宁省与全国城镇化水平比较
资料来源：根据历年中国统计年鉴整理所得。

---

① 侯强. 辽宁省城镇化道路研究 [J]. 沈阳工业大学学报（社会科学版），2010，3（4）：316-321.

4.3 辽宁省城镇化的发展阶段性特征

4.3.1 政策拉动城镇化向前发展

首先，辽宁省作为我国老工业基地，受到计划经济的影响较大。辽宁省在城镇化进程中，在一定程度上是受到国家政策干预，让农村人口参与工业生产，有效地促进城镇化向前发展，这是一种"自上而下"的拉动型城镇化；其次，从现实情况来看，辽宁省靠地方民营经济发展推动城镇化发展的动力不足，没有形成像东部沿海地区的"自下而上"推动型城镇化，这是不可持续城镇化。因此，在新型城镇化道路上必须依靠市场机制来进一步拉动城镇化不断向前发展。

4.3.2 辽宁省城镇化水平较高

首先，从中华人民共和国成立初期，辽宁省工业化与城镇化进程是同步发展，与其他地区城镇化水平基本持平。到"一五"时期国家24项重点工程在此布局，占全国所有项目的15％，辽宁省率先建立起工业基地，也是工业化最超前和城市化增长速度最快的省份之一，有效地带动辽宁省城镇人口快速增长。到1953年辽宁省的城镇化水平达到29％，当时全国城镇化平均水平仅为12.5％，直到1995年全国城镇化水平才上升到29％。到"一五"时期结束时，辽宁省城镇化水平达到40％，高出全国城镇化水平24％。根据国家"四普"公布的数据，到1990年辽宁省城镇人口占总人口的比重达到50％，成为当时全国唯一城镇化水平达到二分之一的省份（不包括港澳台）。到2018年辽宁省城镇化水平为68.1％，位居全国31个省份第7位（不包括港澳台）（表4-2），开始进入后期缓慢增长阶段，注重提升城镇化发展质量。

辽宁省与全国省份城镇化水平对比（2018年） 表4-2

地区	总人口（万人）	城镇人口（万人）	城镇化率（％）	排位	地区	总人口（万人）	城镇人口（万人）	城镇化率（％）	排位
中国内地	139538	83137	59.58	—	河南	9605	4967	51.71	25
北京	2154	1283	86.50	2	湖北	5917	3568	60.30	12
天津	1560	1349	83.15	3	湖南	6899	3865	56.02	20
河北	7556	6283	56.43	19	广东	11346	8022	70.70	4
山西	3718	2098	58.41	16	广西	4926	2474	50.22	27
内蒙古	2534	1480	62.71	10	海南	934	552	59.06	14
辽宁	4359	2734	68.10	7	重庆	3102	2032	65.50	9
吉林	2704	1841	57.53	18	四川	8341	4362	52.29	24
黑龙江	3773	2171	60.10	13	贵州	3600	1711	47.52	30
上海	2424	1457	88.10	1	云南	4830	2309	47.81	28
江苏	8051	7093	69.61	5	西藏	344	107	31.14	31
浙江	5737	3994	68.90	6	陕西	3864	2246	58.13	17
安徽	6324	4357	54.69	22	甘肃	2637	1258	47.69	29
福建	3941	2155	65.82	8	青海	603	328	54.47	23
江西	4648	3059	56.02	20	宁夏	688	405	58.88	15
山东	10047	5628	61.18	11	新疆	2487	1266	50.91	26

资料来源：2019年中国统计年鉴。

4.3.3 辽宁省城镇化增长速度开始放缓

首先，进入20世纪90年代，辽宁省城镇化增长速度开始放缓，尤其是在1990～2018年之间，辽宁省城镇化发展速度年均增长为0.62个百分点，低于全国平均增长速度，原因如下：其一是辽宁省在中华人民共和国成立到20世纪90年代，一直是高于全国城镇化平均水平；其二是辽宁省城乡公共服务体系差异性较大，产城关系尚不协调，导致城镇化快速增长的动力不足；其三是按着城镇化国际标准，城镇化水平接近70%时，城镇化开始进入缓慢增长时期，主要是注重内涵式建设，不再追求外延式增长。

其次，辽宁省水平与中国城镇化水平的差距在逐渐缩小，在1990年辽宁省城镇化率比中国内地城镇化水平高出24.45%，到2018年高出8.52%。辽宁城镇化水平在全国省市区中排名不断下降，到2000年广东省超过辽宁省，在全国各省份中排名第二位（不包括港澳台和直辖市），到2016年和2017年相继被江苏和浙江超越（图4-2），2018年辽宁省城镇化水平排名在全国省份中为第四位，但排在第五位的福建省仅低2.3个百分点。1990年辽宁省城镇化水平高出江苏省近30个百分点（图4-3），到2016年江苏省的城镇化水平已经超过辽宁省，2009～2018年辽宁省城镇化增长了7.7%，仅高于吉林省和黑龙江省（图4-4），在2008～2018年辽宁省城镇化水平年均增长率为0.81%，在全国31个省份中排名为25位（不包括港澳台），低于全国1.26%年均增长率（表4-3）。

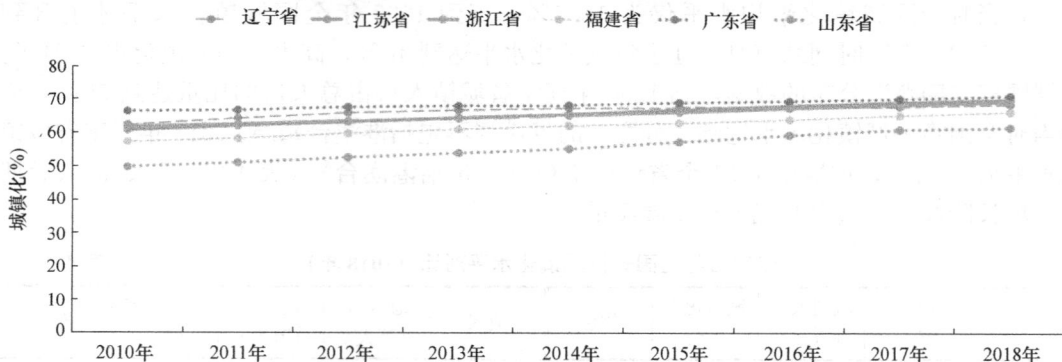

图4-2　辽宁省与各省份城镇化水平比较

资料来源：国家统计局

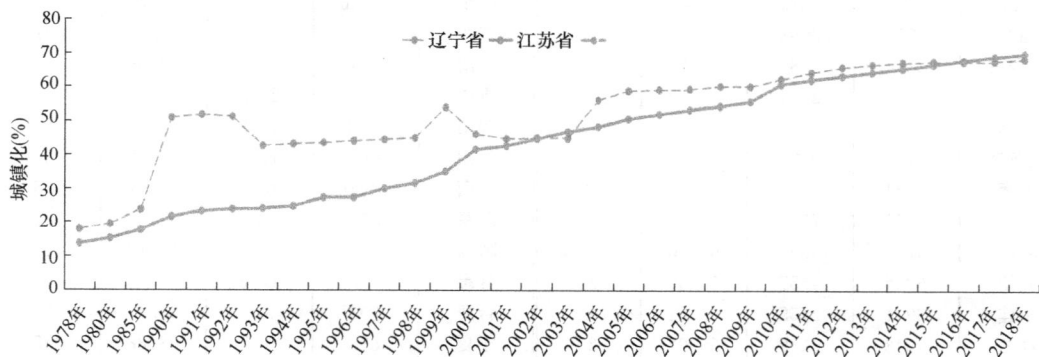

图4-3　辽宁省与江苏省城镇化水平比较

资料来源：国家统计局

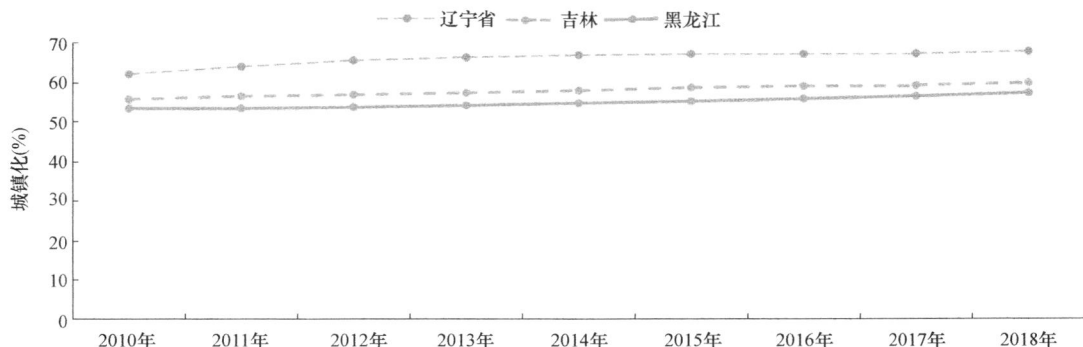

图 4-4 黑吉辽城镇化水平比较

资料来源：国家统计局

2009～2018 年中国省份城镇化率增长（%） 表 4-3

地区	增长率	排名	地区	增长率	排名	地区	增长率	排名	地区	增长率	排名
中国内地	1.26	—	黑龙江	4.6	28	河南	14.0	5	贵州	17.6	1
北京	1.5	30	上海	−0.5	31	湖北	14.3	3	云南	13.8	7
天津	5.2	27	江苏	14.1	4	湖南	12.8	12	西藏	8.8	24
河北	12.7	14	浙江	11.0	18	广东	7.3	26	陕西	14.6	2
山西	12.4	17	安徽	12.6	15	广西	11.0	20	甘肃	12.8	11
内蒙古	9.3	23	福建	10.7	21	海南	10.0	22	青海	12.6	16
辽宁	7.7	25	江西	12.8	12	重庆	13.9	6	宁夏	12.8	10
吉林	4.2	29	山东	12.9	9	四川	13.6	8	新疆	11.0	19

资料来源：国家统计局。

第三，在计划经济时代，辽宁省拥有众多国有企业和大型经济体，办企业会带动城镇化水平不断提升。到 20 世纪 90 年代末，随着东北老工业基地的部分大型国有转型和倒闭，导致各类经济衰退，没有更多经济能力增加城市基础设施建设，在 2000 年以后辽宁省各城市的城镇化进程相对开始放缓（表 4-4），2000～2017 年葫芦岛城镇化增长速度最快。在进入 21 世纪以后，葫芦岛全市围绕建设海滨城市、农产品加工、矿产资源、历史文化旅游的城市建设目标，实现了城镇化快速发展。排名第二的大连市，积极推进全域城市化战略，加强城市基础设施建设，带动城镇化发展水平实现快速增长。沈阳市城镇化的年均增长率为 10%，排名第 10，主要是沈阳市前期城镇化水平较高，到了后期开始注重城镇化质量的提升。处于辽宁沿海经济带的大连、营口、盘锦、葫芦岛 4 个城市的城镇化水平增长较快，得益于辽宁省推出的沿海经济带战略。相比之下，抚顺城镇化率增长仅为 4.5%，但是城镇化水平在全省处于前列，在 2018 年全省排名第五，主要是以完善城镇功能为主线，加快老城区"退二进三"战略和更新改造工程，加快沈抚新城和石化新城等新型城区开发建设，深耕新型城镇化质量。

2000～2017 年辽宁省各城市城镇化率增长（％）　　表 4-4

城市	增长率	排名	城市	增长率	排名
沈阳	10.67	10	营口	16.40	2
大连	15.33	3	阜新	14.73	5
鞍山	11.08	8	辽阳	11.08	8
抚顺	4.51	14	盘锦	14.96	4
本溪	10.10	13	铁岭	10.30	12
丹东	11.12	7	朝阳	12.65	6
锦州	10.55	11	葫芦岛	16.80	1

资料来源：辽宁省统计年鉴。

4.3.4 辽宁省出现收缩型城市

首先，城市人口规模是城市承载力和辐射能力的体现，吸引更多乡村人口进入城市发展和生活。在进入 20 世纪 90 年代以后，随着辽宁省煤炭资源的枯竭和产业效益的下降，辽宁省出现多个资源枯竭型城市，原因是资源型城市依靠资源开发为主，产业结构单一导致转型困难，受到国家调结构和去产能的影响，部分工人出现失业，造成人口流失现象非常严重。依据《中国城市统计年鉴》发布的数据表明，在 2014～2017 年我国 294 个地级市的常住人口数量中，共有 26 个城市连续 3 年出现了"人口净流出"现象，在东北地区（不包括蒙东地区）就有 21 个城市，其中辽宁省就有 6 个，分别为抚顺、鞍山、本溪、阜新、丹东和锦州，占全国收缩型城市得 23.1％，占辽宁省的 14 个城市的 43％，说明收缩型城市的出现，给辽宁省城镇化带来很多阻碍。

其次，从 2000～2018 年辽宁省各城市常住人口变化趋势看（表 4-5），在 2000～2010省内常住人口累计增加了 192.7 万人，其中沈阳和大连 2 个副省级城市分别增加 90 万人和 80 万人，占到全省新增总人口 85％，阜新、抚顺、铁岭和朝阳 4 个地级市人口出现负增长。在 2010～2018 年期间，辽宁省的常住人口减少 15.4 万人，在省内仅有大连、沈阳、营口和盘锦等 5 个城市为人口净输入地区，其他 9 个地级市全部为人口净输出区，其中大连市净增人口达到 31 万人，沈阳仅为 21 万人，大连人口吸引力超过沈阳，营口净增人口仅为 0.4 万人，盘锦净增人口达到 4.5 万人。

辽宁省城市常住人口数量变化情况（万人）　　表 4-5

城市	2000 年	2010 年	2018 年	2000～2018 年增加数量	2010～2018 年增加数量
辽宁省	4182	4374.7	4359.3	177.3	−15.4
沈阳	720	810.6	831.6	111.6	21.0
大连	589	669	700.0	111.0	31.0
鞍山	358	364.6	357.7	−0.3	−6.9
抚顺	226	213.8	205.2	−20.8	−8.6
本溪	157	171	167.8	10.8	−3.2
丹东	239	244.5	239.5	0.5	−5.0
锦州	308	312.6	303.2	−4.8	−9.4
营口	230	242.9	243.3	13.3	0.4

续表

城市	2000 年	2010 年	2018 年	2000～2018 年增加数量	2010～2018 年增加数量
阜新	189	181.9	175.4	−13.6	−6.5
辽阳	180	185.9	183.1	3.1	−2.8
盘锦	126	139.2	143.9	17.9	4.7
铁岭	282	271.8	262.2	−19.8	−9.6
朝阳	320	304.5	293.4	−26.6	−11.1
葫芦岛	258	262.4	253.9	−4.1	−8.5

资料来源：辽宁省统计年鉴。

4.3.5 县域城镇化对全省城镇化的支撑作用比较有限

当前在辽宁省的县级市中形成的辐射带动能力比较有限，在走访调研中可知，只有瓦房店、海城、盖州、庄河和大石桥是人口超过 20 万人的中小城市，仅占区县级的行政区的 12%，有 50% 的县级城市人口都低于 15 万人，其中本溪县、清原县、彰武县等多个县区的常住人口都在 6 万人左右，由于人口数量少和规模效益少，辐射带动作用较小，辽宁省小城镇的城镇化进程较慢。到 2017 年辽宁省的建制镇平均建成区面积仅为 $1.5km^2$，镇所在区的常住人口不足 1 万人。部分地区建制镇通常改为街道，带动城市面积有所增加，与之相配套的道路、医疗、教育和文化传承等公共服务设施没有相应跟进，让进城生活的居民没有获得感。第三，随着城市化进程不断推进，辽宁省小城镇已经成为新型城镇化的薄弱环节，在 2010～2017 年之间大中城市（地级市以上城市）的城区非农业人口始终处于增长状态，但是在 2014～2016 年县级市和建制镇的常住人口存在不同程度的减少（表4-6），说明乡镇和县域城镇化水平对于新型城镇化支撑作用较小，在未来城镇化发展道路上，亟需提升县域人口城镇化水平。

辽宁城镇人口数量增长趋势（万人）　　　　　　　　　　表 4-6

类型	2010 年	2011 年	2012 年	2013 年	2014 年	2016 年	2017 年
城区人口	1982	2195	2269	2364	2275	2250	2496
县级市城区人口	318	346	377	395	391	344	337
县城城区人口	225	231	255	266	276	250	230
建制镇人口	362	343	351	362	359	362	307

资料来源：辽宁省统计年鉴。

4.3.6 城镇空间布局不均衡

在辽宁省城镇化进程中，由于受到历史发展、信息交通条件和人口因素等各项条件的限制，城镇空间布局极不平衡，中部和沿海地带等分布较为密集，东西部丘陵生态屏障地区较为稀疏。原因是在辽宁省中部城市和哈（尔滨）—大（连）交通沿线和辽宁省沿海经济带，是省内城镇化水平较高的地带，带动城镇密度相对较高。其中大连和沈阳两个副省级城市的城镇密度不高（表4-7），但是城市人口密度比较密集。营口、鞍山、辽阳和盘锦的城镇密度和人口密度相对较高，以上城市处于沈阳经济区和沿海经济带。外围的抚顺、本溪、丹东、朝阳、葫芦岛等 5 个地级市的城镇密度和人口密度都相对较低；阜新和铁岭两个地级市由于临近沈阳经济区和哈大交通轴带地区，城市建设和乡镇较为密集，但是人口密度较低，说明在城市扩张的同时，还需要扎实的经济基础，才能吸引留住更多人口在城市生存与发展。

辽宁省乡镇密度和人口密度 　　　　　　表 4-7

城市	乡镇（个数/km^2）	人口密度（人/km^2）	城市	乡镇（个数/km^2）	人口密度（人/km^2）
沈阳	50	645	营口	71	450
大连	32	556	阜新	61	171
鞍山	61	389	辽阳	69	384
抚顺	27	184	盘锦	57	351
本溪	25	201	铁岭	65	204
丹东	42	157	朝阳	44	150
锦州	60	304	葫芦岛	40	245

资料来源：根据调研资料整理。

4.3.7　辽宁省城镇化水平空间非平衡较为严重

首先，在推进城镇化进程中，辽宁省受到历史积累、经济发展基础、资源禀赋和交通基础条件、技术和信息条件等多方面因素的影响，各个地区的城镇化起点和后期发展存在较大的差异，这也导致城镇化发展的空间不均衡。经过走访调研，目前辽宁省具有五大区域发展战略，如以 2017 年为例，沈阳经济区的城镇化水平达到 76.1%，属于辽宁省城镇化水平最高的地区。辽中南城市群的城镇化水平为 73.2%，辽宁西北地区城镇化水平为 49%，在辽宁省属于城镇化水平最低的区域。由此表明，沈阳经济区城镇化水平发展最高，其他地区依附于沈阳经济区周围，呈现出"圈层式"依次递减的发展格局。

其次，在辽宁省的县域城镇化中，多数县域城镇化水平较低，除了市辖区以外，辽宁省的县域城镇化平均水平都在 40% 左右徘徊，成为辽宁省新型城镇化进程中的短板，通过上文分析可知，实施新型城镇化主要目标是缩小区域之间和城乡之间差距，提高县域城镇化质量，是未来新型城镇化进程中关注的问题之一。

第三，在辽宁省副省级城市和地级市之间，城镇化水平也具有较大的差距。在进入 21 世纪以后，党中央、国务院提出振兴东北老工业基地的战略，在 2000 年沈阳和抚顺的城镇化水平达到 70% 以上，进入城镇化缓慢增长阶段。大连城镇化水平位列第三，达到 63.37%，而处于外围的阜新市、朝阳市和葫芦岛市城镇化水平都达 30%。在 2010 年辽宁全省的城镇化水平为 62.1%，在省内沈阳、抚顺、本溪、大连城镇化水平都在 70% 以上，沈阳、抚顺、本溪三个城市城镇化上升速度缓慢，大连每年以 1% 的速度向前推进，得益于大连市正在推进全域城市化战略，加强市内城镇化质量的提升，而朝阳市的城镇化水平略有增长，城镇化水平为 38.11%，在全省处于最低。到了 2018 年辽宁省城镇化水平最高的是依然是沈阳市，达到了 80%，其次是大连市，城镇化水平为 78.71%。最低的葫芦岛市城镇化水平为 35.02%，与沈阳相差近 2 倍，说明辽宁省城镇化水平具有很大的差异性（表 4-8）。

辽宁省各市的城镇化水平（%）　　　　　　　　　　表 4-8

城市	2000 年	2010 年	2018 年	城市	2000 年	2010 年	2018 年
沈阳	70.33	77.07	81.01	营口	48.38	58.85	64.10
大连	63.37	74.42	78.71	阜新	44.35	65.96	58.40
鞍山	61.51	67.17	53.58	辽阳	51.33	55.9	68.91
抚顺	71.51	71.64	69.30	盘锦	58.22	65.96	73.18
本溪	68.29	74.36	77.27	铁岭	38.70	42.16	60.55
丹东	54.87	60.34	66.21	朝阳	33.16	38.11	45.31
锦州	44.18	47.86	42.34	葫芦岛	32.58	41.54	35.02

资料来源：辽宁省统计年鉴。

4.4　辽宁省城镇化取得阶段性成果

4.4.1　大城市对于城镇化发挥的作用较大

在 2017 年辽宁省副省级城市为 2 个，地级市 12 个，县级市为 16 个，从人口规模看，特大城市 1 个，大中城市为 14 个，占城镇总数的 2.03%。相比之下，以上城市的人口总数占到全省的 70.89%。从表 4-9 中可知，辽宁省特大城市仅有沈阳市，市内城镇人口 590.59 万人，其次是大连市，城市人口达到 382.79 万人，属于大型城市，以上两个副省级城市引领辽宁省城镇化进程，还有鞍山和抚顺属于人口逾 100 万人的大城市，步入大城市行列。其辽宁省的本溪、丹东、锦州、营口、阜新、辽阳、盘锦、铁岭、朝阳等 9 个城市处于中等城市行列，人口都超过了 50 万人，在辽宁省属于后发型城市。从小城市方面看，有瓦房店等 5 个小型城市正在参与国家级经济开发区，属于交通沿线的经济强县和全国或者东北地区具有影响力的经济洼地。最后，有 670 个县城或者建制镇，属于辽宁省基层地域单元，加强推进小城镇的城镇化进程，建成特色城镇，对于提高辽宁省城镇化质量意义重大。

辽宁省城镇体系规模等级结构　　　　　　　　　表 4-9

城市规模等级		标准（万人）	数量	城镇人口（万人）	城市
特大城市		500～1000	1	590.59	沈阳
大城市	Ⅰ型大城市	300～500	1	382.79	大连
	Ⅱ型大城市	100～300	2	289.16	鞍山、抚顺
中等城市		50～100	10	827.57	本溪、丹东、锦州、营口、阜新、辽阳、盘锦、铁岭、朝阳
小城市	Ⅰ型大城市	20～50	5	131.44	瓦房店、庄河、海城、盖州、大石桥
	Ⅱ型大城市	＜	670		其余市县域及建制镇

资料来源：根据相关资料整理。

4.4.2 城镇综合承载力在不断增强

首先，随着基础设施建设的不断加速，通信、教育、医疗、市政等基础设施日趋完善，城市就业、住房、文化、教育医疗和社会保障等公共服务体系逐步完善。支撑城市发展的淡水资源、土地资源、生态环境能够满足快速城镇化发展的需要。目前，辽宁省内共计改造城乡接合部和城中村 100 多万户，市内环境质量和住房条件得到极大的改善。在2014 年住房保障覆盖率为 17%，市区居民居住面积达到 31m²，表明城市综合支撑能力在进一步提升。

其次，棚户区改造效果比较显著。辽宁省作为全国老工业城市，多数城市都是本着"先生产、后生活"发展理念，导致抚顺、本溪、阜新和朝阳等资源型城市存在大量棚户区，面积达到 632 万 m²。由于在棚户区内存在"吃水难、取暖难、如厕难、行路难"等诸多不便。2005 年辽宁省开始进行棚户区改造工程，经过近 10 年的不断改进，到 2015年辽宁省全省 70.6 万户居民进行棚改，使棚户区的 211 万居民的生活条件得到明显的改善。在棚户区改造以后，有 97% 的居民拥有自己的产权住房，户均居住面积增加到改造后的 56.6m²[①]。近期辽宁省对棚户区改造又做出规划，同时全省 14 个省辖市也出台了棚户区改造规划，完成 50 万户的棚户区改造计划。在 2018 年辽宁省对 6.27 万户棚改户进行改造，在 2019 年和 2020 年计划实施改造各类棚户区 7.7 万户，对早期棚改区老旧小区实施维修改造，省委省政府还积极探索走市场化的路径解决安置房源，尽量满足居民的住房需求，加大城乡基础建设项目，加强海绵城市建设试点和智慧城市建设。

4.4.3 辽中南城市群正在加速建设进度

首先，随着国内长三角城市的和环渤海城市群的加速推进，全国排名第五的辽中南城市群也在加速建设进程。以沈阳和大连为核心，带动抚顺、本溪、鞍山、丹东、营口、盘锦和营口在内的 9 个城市，形成了较为密集的城市群，面积达到 9.7 万 m²。目前，辽中南城镇群的城镇化达到了 60%，总人口为 3062 万人，占全省人口的 72.6%，地区国民生产总值达到 7021 元，占全省 GDP 的 88%[②]。辽中城市群各城市职能已经非常明确，即鞍山为钢都、抚顺为煤都、本溪为煤铁之都、辽阳为化纤城、营口为港口城、铁岭为煤粮之城。

其次，为了迎接国家发展的新常态，满足国家经济体制改革和转型升级的需要，以沈阳为中心，与鞍山、抚顺、营口、阜新、辽阳和铁岭等 8 个城市正在加速一体化建设进程，增强沈阳经济区的发展实力，在基础设施、产业布局、公共服务和城际连接带，实现无缝对接和协同发展。

第三，以省会沈阳市为核心，在半径百公里之内，以沈阳为中心，辐射鞍山、抚顺、本溪、营口、阜新、辽阳和铁岭等 8 个城市。在 8 个城市之间开通城际快速通道、高速铁路和公路等客运专线，构建城市相互融通的 1h 交通网络，将沈阳和周边城市之间的车程控制在半小时之内（图 4-5）。

---

① 中工网．"棚改"十年．http：//www．workercn．cn/．2015-10-28．

② 辽宁多城市入选"环渤海城市群"．http：//www．lniis．gov．cn/news．

最后，在辽宁全省内已经形成了"一群、一带、一区、一轴"的空间格局，具体落实到空间上是以沈阳经济区为核心，通过中心城市沈阳的经济辐射带动，与周边城市加强经济联系，形成像北美城市群相似的辽中南城市群，沈阳城市空间扩展迅速，已经形成以沈阳中心城区为主体，像四周地带逐渐放射和聚拢的城镇群。

4.4.4　辽宁沿海经济带实力在明显增强

在 2009 年国务院批准《辽宁沿海经济带发展规划》，涵盖丹东、大连、营口、盘锦、锦州和葫芦岛等 6 个城市，面向东北亚参与国际区域经济合作的门户城市，形成了"五点一线"的经济发展带。"五点"为大连

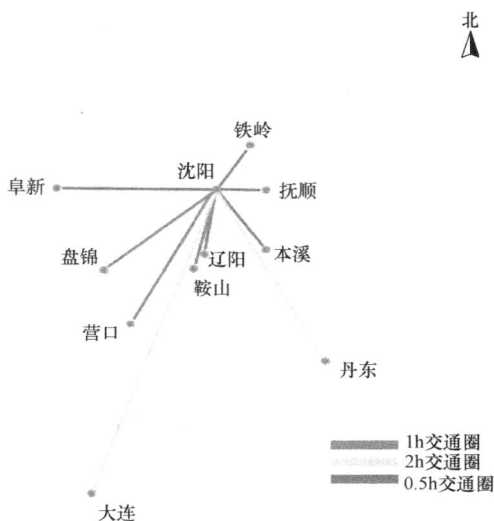

图 4-5　沈阳经济区 1h 经济圈示意图

市长兴岛临港工业园区、营口沿海产业基地、锦州湾沿海经济区、丹东临港产业园区和大连花园口工业园区等 5 个重点区域；"一线"为连接"五点"的 1443km 的滨海公路。到 2014 年沿海经济带的城镇化水平达到 60%，东北亚国际航运中心成绩显著，港口吞吐量达到 10.5 亿 t，航线达到 100 多条。辽宁沿海经济带的 7 个城市的经济总量、利用外资、工业增加值和第三产业增加值相比 2009 年分别增长 1.80 倍、2.36 倍、1.68 倍和 2 倍[①]，对辽宁省城市发展和区域经济发展起到了一定的促进作用。沿海经济带的电子信息、海洋产业和核电产业在全国新兴产业之中居全国首位。石油化工、造船业、服务外包和物流等临港产业实力在逐渐增加，现代服务业也蓄势待发，创新能力在不断增加。

4.4.5　特色新市镇正在加速建设

辽宁省在城镇化进程中，以重工业为城镇化的基本动力。在新型城镇化道路上，以高耗能和高污染的发展模式已经不适应城市经济发展。鉴于此，辽宁省由数量型城镇化向高质量型城镇化，由高耗能的城镇化向低耗能的生态型城镇化转型，摈弃过去千城一面的城镇发展模式，向各具特色的城镇化发展方向迈进。在过去城镇化道路上，加强新市镇建设。在省内打造了 20 个国家发展改革试点小镇，100 个省级中心镇，32 个特色旅游镇和 61 个全国重点镇。在 2010 年，又确定腾鳌、牌楼、耿庄、牛庄、甘泉等 11 个重点小镇[②]。近期沈阳经济区在城际连接带建设新城和新市镇，包括沈抚新城、兴隆堡新市镇，在沈、鞍、辽三市的城际交界之间建设铁西产业新城、细河新城、沙河新城、近海新城等；在沈阳—铁岭城际之间建设蒲河新城、新城子新城等。本溪市重点建设沈溪新城，辽阳市建立灯塔新城等；大连市建立金州普兰店新区，鞍山市建立腾鳌新城、海西新城和牛庄新市镇、阜新建设沈—彰新城，铁岭市建设凡河新城。省内重点打造的小镇已经成为全

---

① 根据调研资料整理。

② 白炜 . 辽宁省县域经济发展模式研究 [M]. 北京：化学工业出版社，2015.

国具有影响力的中心镇，对辽宁省的县域经济和城镇化发展起到了一定的带动作用。

4.5 本章小结

在本章主要介绍了辽宁古代和近代城市发展历程，阐述了辽宁省中华人民共和国成立后城镇化发展，总结和提炼辽宁省城镇化的基本特征和取得的绩效。

（1）在7000年前辽宁省就有人类活动，经过不断发展，带动农业人口数量的增加和生产活动的繁荣，为后期城市聚落发展奠定了基础。其次，辽宁省在经历夏、商、西周等朝代中，多个聚落主要用于军事防御，在隋唐时代城镇雏形初具规模。经过宋、辽、金、元和明朝，出于军事和经济交易等目的，带动辽宁城镇数量在不断增加，奠定了今天辽宁省城市发展的基础。到了清朝初期，辽宁省作为封禁之地，多数城镇遭到破坏。到了清朝中期随着中原人口的进入和晚清时期辽宁通商口岸开发，近代中东铁路的修建，以及帝国主义的殖民统治，推进工业化进程进一步发展，带动辽宁省早期城镇化的快速发展。

（2）从中华人民共和国成立到1960年辽宁省城镇化得到快速发展。在经历了大跃进，直到改革开放，辽宁省城镇化出现了倒退和停滞。在改革开放以后，城镇化得到了快速发展的同时，近期推进速度开始逐渐放缓。与全国城镇化平均水平相比，辽宁省城镇化水平和年均增长率始终高于全国。

（3）辽宁省城镇化特征主要表现在计划经济带动城镇化向前发展，依靠市场化的推进动力不足，近期城镇化速度开始放缓，城镇化空间差异较为显著，城镇分布不太均匀，县域城镇化对于城镇化发展作用较小。

（4）辽宁省城镇化进程中取得了效果非常显著，主要是大城市不断发展壮大对于城镇化发挥的作用较大，城市承载力在不断增加，棚户区改造成为全国多个地区城镇化进程中的典范，辽宁中南部城市群和辽宁沿海经济带实力都在不断增加，带动特色新市镇正在加速建设，促进城镇化高质量发展。

第5章

辽宁省城镇化发展质量测度与层级特征

为了科学地和客观地测度辽宁省城镇化耦合协调性，有必要测度辽宁省发展质量，具体思路如下：一是确定研究区域；二是从人口和土地两个维度选取评价指标，构建评价指标体系；三是利用评价模型将收集到的原始数据经过加工处理以后，分步骤计算辽宁省的城镇化发展质量；四是根据测度结果，分析辽宁省城镇化发展质量的发展态势和内在机理。

5.1 城镇化发展质量测度总体框架

5.1.1 评价区域的确定

辽宁省位于东经 118°~125°和北纬 38°~43°之间，处于东北地区的南部，东部边界与朝鲜以鸭绿江为界，与韩国和日本隔海相望，南部紧邻黄海、渤海，是我国唯一既沿边又沿海的省份，以沈阳为省会，下辖 2 个副省级城市、12 个地级市、17 个县级市、56 个市辖区和 27 个县[①]。地级市作为经济发展实体区域，是一个独立的地域单位。鉴于评价数据的可得性、持续性和可比性，本书在研究测度城镇化发展质量时，仅以辽宁省 2 个副省级城市和 12 个地级市为研究对象，其余县级市、区县不作为研究对象。

5.1.2 评价的具体内容

在测度和评价城镇化发展质量时，主要评价内容如下：首先，对辽宁省城镇化质量进行测度与评价，分析它在全国的地位与排名；其次，对辽宁省 14 个省辖市的人口与城镇化发展质量进行测度与评价；第三，分析其内在空间分异特征、层级特征和内在机理影响因素。

5.1.3 评价指标体系构建

一是指标选择原则。为客观地和科学地评价和测度城镇化发展质量，借鉴前人的研究成果[②]，结合辽宁省的实际情况，遵循数据可得性、可比性和系统性原则，构建指标体

---

① 傅鸿志. 辽宁地理［M］. 北京：北京师范大学出版社，2014.
② 刘娟，郑钦玉. 重庆市人口城镇化与土地城镇化协调发展评价［J］. 西南师范大学学报（自然科学版），2012，31（9）：49-56.

系。在指标选取过程中，主要遵循以下原则[①]：

（1）科学性原则。鉴于以往城镇化水平评价指标的单一性，选择城镇化质量评价指标时，遵循科学性的基本原则，不偏不倚地构建评价指标体系。

（2）综合性原则。在选定评价指标体系过程中，应该全面考虑辽宁省各地的实际情况和发展因子，确定相应的评价层次，构成较完整的评价指标体系，从而能全面地和综合地研究区域城镇化发展质量，进而全面地评价城镇化质量。

（3）易获性原则。评价指标体系原始数据要在现阶段较容易获取，通过各类统计资料和调查获得，将各类数据进行分类整理用于评价城镇化发展质量。

（4）可表征和可度量性。城镇化发展质量指标通过定性和定量等两种方式来表示，对于城镇化发展质量优劣程度要具有一定等级性，需要用优良中差等级来表征。因此，为了便于等级分化，对于定量表征也要用具体数值来表征。

二是指标体系确定。在表5-1中构建起辽宁省城镇化发展质量评价指标体系，其中准则层为人口和土地城镇化两大系统，指标层为人口就业、居民生活、投入产出、城市建设规模和生态建设等4大系统，指标层包括20项指标。

辽宁省城镇化评价指标体系 表 5-1

目标层	准则层		指标层	单位
	准则层Ⅰ	准则层Ⅱ		
城镇化发展质量（UDQ）	人口城镇化（PU）	人口情况	城市人口密度	人/km²
			非农业人口比重	%
		人口素质	第二产业就业人员比重	%
			第三产业就业人员比重	%
			每千人在校学生数	人
		收入支出	人均城镇居民可支配收入	元
			人均城镇居民消费支出	元
		社会基础	每千人拥有医生数	名
			每千人拥有教师数量	名
			人均公共图书馆藏书量	册
	土地城镇化（LU）	地区产出	人均GDP	无
			人均固定投资总额	元
		产业结构	第三产业占GDP比重	%
			人均工业生产总值	元
			人均社会消费品零售总额	元
		城市建设	建成区面积	%
			人均城市铺装道路面积	m²
			每万人拥有公共汽车数量	标台
		环境保护	人均公共绿地面积	m²
			工业固定废物综合利用率	%

---

① 彭晓烈，梁振民，彭家园. 辽宁省城市化发展质量阶段性层级判定与形成机制—基于面板数据的分析 [J]. 城市发展研究，2018（6）：52-62.

首先，在人口城镇化指标体系中，选择人口情况、就业教育、收入支出和社会发展等5个维度构建城镇化评价体系，其中人口情况选择城市人口密度和非农业人口比重来表征，就业与教育选择第二、第三产业就业比重、在校学生数量来表征，收入支出反映地方居民生活水平，选择人均城镇居民可支配收入和人均城镇居民消费支出等指标来表征；社会基础反映教育、医疗和文化氛围，本书选择每千人拥有医生数量、每千人拥有教师数量和公共图书馆藏书量。

其次，在土地城镇化指标体系中，本书选择地区产出、非农产业结构、城市建设和环境保护等指标来表征，其中地区产出选择地均 GDP、人均固定资产总额来表征；非农产业结构选择第三产业占 GDP 比重、人均工业总产值、人均社会消费品零售总额来表征；城市建设选择建成区面积、人均城市道路铺装面积、每万人拥有公共汽车数量；环境保护选择人均公共绿地面积、工业固体废物综合利用率等指标来表征。

最后，指标数据来源。本书指标数据均来源于历年《辽宁省统计年鉴》《中国城市统计年鉴》和各地级市的统计公报，部分数据经过加工或处理所得。

5.1.4 评价模型的选择

关于城镇化的测度方法有单一评价法、多指标加权法、主成分分析和层次分析法，但是以上方法对城镇化发展质量展开测度时，在确定指标权重时随机性比较强，本书利用均方差赋权法测度辽宁省城镇化发展质量，具体步骤如下：

（1）原始数据标准化。由于所选取的指标之间存在着量纲和单位的差异，本书利用离差标准化法对数据进行标准化。如本书选定 m 个待评方案，n 列评价指标以后，构建决策矩阵 $W = (w_{ij})_{m \times n} (0 \leqslant x \leqslant m)$，式中 W_{ij} 为待评方案的指标值，改为评价指标中可分为效益型和成本型等两种类型，为消除量纲差异，本书采离差标准化法进行数据标准化，其模型为：

$$z_{ij} = \begin{cases} (w_{ij} - w_{j\min})/(w_{j\max} - w_{j\min}) \ldots 效益型 \\ (w_{j\max} - w_{ij})/(w_{j\max} - w_{j\min}) \ldots 成本型 \end{cases} \quad (5.1)$$

公式（5.1）中的 z_{ij} 为指标样本 i 指标 w_j 的标准化值，$w_{j\min}$ 和 $w_{j\max}$ 为指标 w_{ij} 的最小值和最大值，z_{ij} 介于 0～1 之间。

（2）计算城镇化发展质量指数。本书利用均方差赋权法计算城镇化发展质量指数。首先计算各指标的单因素方差，对子系统之间各项指标的方差进行归一化，以此确定单项指标的权重系数，计算权重与标准化值 z_{ij} 的乘积，得到城镇化发展质量指数。

求取指标单因素方差 $\delta(w_j)$：

$$\sigma(w_j) = \sqrt{\frac{1}{n} \sum_{i=1}^{n} (z_{ij} - \overline{z_j})^2} \quad (5.2)$$

求取指标的权重（λ_j）：

$$\lambda_j = \frac{\sigma(w_j)}{\sum_{j=1}^{m} \sigma(w_j)} \quad (5.3)$$

计算子系统的城镇化发展质量指数 F_{ij}：

$$F_{ij} = z_{ij}\lambda_j \tag{5.4}$$

计算各个地级市城镇化发展质量指数 UDQ_i：

$$UDQ_i = \sum_{j=1}^{m} F_{ij} \tag{5.5}$$

5.2 辽宁省总体城镇化发展质量评价

5.2.1 辽宁省全省城镇化发展质量时序变化

在研究辽宁省各城市的城镇化发展质量以前，有必要对辽宁全省城镇化发展质量进行综合测度，笔者以 2001～2018 年的时段为研究区间，选择指标体系是以表 5-1 指标体系为基础，利用模型 5.1 对辽宁省各项城镇化指标进行标准化处理以后，后续利用模型 5.2～模型 5.5，计算辽宁省历年城镇化发展质量综合得分（表 5-2）。

辽宁省历年城镇化发展质量得分 表 5-2

年份	UDQ	年份	UDQ
2001	0.120	2010	0.474
2002	0.173	2011	0.543
2003	0.151	2012	0.608
2004	0.177	2013	0.617
2005	0.234	2014	0.650
2006	0.274	2015	0.660
2007	0.316	2016	0.683
2008	0.390	2017	0.717
2009	0.426	2018	0.728

一是自进入 21 世纪以来，辽宁省城镇化发展综合得分在持续升高，在 2001 年辽宁省全省城镇化发展质量得分仅为 0.120，到 2010 年达到了 0.474，说明辽宁省在"十五"和"十一五"期间，辽宁省主要加大城市建设投入，全省城镇化发展质量在稳步提升，到 2005 年年末，全省城市建成区面积达到了 1799.3km^2，比"九五"期间增加 220km^2，带动全省交通、环保、人居环境（棚户区改造）的情况在不断改善。在"十一五"期间，到 2010 年全省城镇化水平达到 63%，培育沈阳和大连两个国际中心城市，增加城市竞争力，带动锦州、丹东等城市的经济发展，构建起"两带、三群"的全省发展空间格局，"两带"主要打造辽宁经济发展的主要载体的沈（阳）、大（连）、鞍（山）城市带，建设以大连为东北亚航运中心，各港口协调发展和临海产业带发达的沿海城市带。构建的"三群"，完善了辽中城市群、整合辽东半岛城市群，培育辽西城市群，带动庄河、普兰店、东港、凤城、凌海、开原、凌源、兴城、新民、盖州等，建设成人口 20 万～50 万人之间的中等城市，带动法库、辽中、台安、桓仁、灯塔等 10 余个县（市），建设成人口达 10 万人小城市。

二是到 2018 年辽宁省城镇化发展质量有所提升，城镇化的发展质量综合得分为 0.728，相比 2001 年增加近 6 倍，相比 2010 年增加近 1.5 倍，说明辽宁省在"十一五"

和"十二五"期间，利用各种途径提升城镇化质量，在确定新型城镇化战略以后，在2015年全省城镇化率达到68%，到2020年全省城镇化水平达到70%。主要以都市区带动周边县市区，以重点县城、新区为突破口，以节点城市、重点镇和特色镇建设为补充，完善城镇体系。在此基础上，构建"一区、一带、一轴"的空间布局，建设辽中部城市群，落实沈阳经济区一体化发展战略，以沈阳为核心，推进沈抚同城化、沈铁一体化、沈本一体化、鞍辽一体化。推进以营口为出海口，建设辽宁沿海城镇带，促进辽宁省经济带开发开放战略，以大连市为核心，以营（口）—大（连）为主轴，以丹东与葫芦岛为两翼，统筹建设金普新区等。在此基础上建设沈大城镇轴，促进沿海与腹地建设联动，加强与长春、哈尔滨等城市合作，形成东北地区发展的重要增长极。第三，在2015年以后辽宁决定发展重点县域，增强对农村转移人口的吸纳能力，发挥小城镇关键节点作用，优先发展重点镇和特色镇，做大做强地方优势产业，在具备条件的地区推进农业"一县一业"、建设"百亿元产业集群"，鼓励大中城市的产业向县镇梯度转移，做好县域服务业、教育业、旅游业、乡村物流等，提升乡村人口城镇化质量。

5.2.2　辽宁省城镇化发展质量国内情况

一是全国各省市的城镇化发展质量分析。利用上述5.2.1节计算过程，此处不再重复叙述。得到全国31个省份（不包括港澳台）城镇化发展质量得分（表5-3）。按照方创琳等学者对城镇化发展质量的综合得分划分标准[1]，全国各个省份的城镇化发展质量可以分为四个等级（表5-4）。

中国内地各省份城镇化发展质量综合得分与名次　　　　表5-3

省区	UDQ	名次	省区	UDQ	名次
北京	0.834	2	湖北	0.438	15
天津	0.732	3	湖南	0.398	20
河北	0.407	19	广东	0.653	6
山西	0.326	26	广西	0.378	22
内蒙古	0.443	14	海南	0.346	23
辽宁	0.622	9	重庆	0.524	13
吉林	0.408	18	四川	0.394	21
黑龙江	0.431	16	贵州	0.338	24
上海	0.876	1	云南	0.308	30
江苏	0.663	5	西藏	0.314	28
浙江	0.684	4	陕西	0.533	12
安徽	0.536	11	甘肃	0.330	25
福建	0.638	7	青海	0.290	31
江西	0.419	17	宁夏	0.313	29
山东	0.629	8	新疆	0.325	27
河南	0.566	10	平均	0.487	

资料来源：根据统计资料整理。

---

[1] 方创琳，刘晓林. 中国城镇化发展阶段的修正及规律性分析 [J]. 干旱区分析，2008，31 (4)：512-523.

中国内地 31 个省、自治区、直辖市的城镇化发展质量等级　　　　表 5-4

类型	区间	省、自治区、直辖市	数量	百分比
优质型	0.8～1.0	北京、上海	2	6.5%
次优型	0.6～0.8	福建、辽宁、山东、广东、江苏、浙江、天津	7	22.6%
一般型	0.4～0.6	河北、吉林、江西、黑龙江、湖北、内蒙古、重庆、陕西、安徽、河南	10	32.3%
后进型	0.2～0.4	青海、云南、宁夏、西藏、新疆、山西、甘肃、贵州、海南、广西、四川、湖南	12	38.6%

资料来源：根据统计结果整理。

　　首先，优质型城镇化发展质量。在中国内地 31 个省市区中，上海市城镇化发展质量得分（0.876）最高，北京市位列第二，按照我国城镇化质量等级划分标准，北京和上海两大城市属于优质型城镇化，城镇化质量在全国各省市区中具有示范和引领作用。北京作为京津冀协同发展和环渤海经济圈的中心城市，近年来城镇人口就业质量、生活质量和宜居质量都在不断优化。上海市地处我国长三角核心地带，自 20 世纪 90 年代起，在推行新型城镇化战略过程中，注重解决土地资源稀缺、人口快速增长、生态环境约束、郊区新城功能配套不足的诸多矛盾和问题，结合上海市大型城市实际要求，坚持规划引领，深化完善城镇体系，引导产业和人口在新城和小城镇合理分布，做到产城融合，分类推进郊区的新城发展，统筹促进公共设施、产业园区、商业配套和生态环境建设，带动上海城镇化发展质量在不断提升，发挥国际大都市的城镇化引领作用。

　　其次，次优型城镇化发展质量。处于次优型等级的省份有福建、辽宁、广东、山东、江苏、浙江、天津 7 个省市，在以上 7 个省份城镇化发展质量综合得分都是介于 0.6～0.8，在区位上都是处于我国沿海地区，是我国对外开放的窗口，在我国实施"一带一路"战略中发挥着举足轻重的作用。广东省在进入 21 世纪以后，坚持五化同步和城乡统筹的发展战略，不断优化城镇群布局和形态，推进大中小城市协同发展，同时利用市场主导和政府引导的双重推进模式。到 2020 年广东省城镇化水平达到 71.7%，城镇化可持续发展能力显著增强。山东省在新型城镇化道路上，确定了"人口市民化、优化城镇化布局、提升城市综合承载力、推进城乡一体化"的四大任务，有效地提升了城镇化发展质量。福建省在推进新型城镇化道路上，实施"百姓富、生态美"的有机统一，在优化城镇化布局基础上，以福州都市区和厦漳泉都市区建设为引擎，带动闽东北和闽西南协同发展，提升区域城镇化发展质量。天津市在新型城镇化进程方面，在不断完善基础设施的前提下，在城镇化的"内涵"上下功夫，以培育特色小镇为突破口，重点任务是在现代产业、民俗文化、生态旅游、商业贸易、自主创新方面展现特色，实现"一镇一品"的发展模式，打造一批集旅游与社区功能于一体的特色小镇。浙江省在新型城镇化道路上一路领跑，在 2018 年浙江省城镇化发展质量 0.684，在全国各省份中排名第四，取得以上这些成绩主要得益于浙江省注重推动城乡一体化、建设美丽乡村和加快小城镇建设，利用新型城镇化解决农民就业和城乡基本公共服务均等化的发展战略。江苏省积极响应国家新型城镇化战略，在 2018 年城镇化发展质量综合得分为 0.665，在全国各省份中排名第五，说明江苏省城镇化发展质量较高，主要是在城镇化道路上探索新型城镇化综合试点工程，逐渐取消城乡二元户籍制度，健全了"人地钱挂钩、以人定地"的配套制度，建立城乡融合发展试点，促进各类城镇协同发展，优化城市空间布局。

第三，一般型城镇化发展质量。在该等级中有河北、吉林、江西、黑龙江、湖北、内蒙古、重庆、陕西、安徽、河南 10 个省区，既有沿海省份河北省，又有处于中部地区的安徽、河南、湖北、江西等省份，还有处于东北地区的黑龙江和吉林省，以及处于我国西部的重庆、陕西等省份。以上 10 个省份城镇化发展质量得分介于 0.4～0.6，属于一般型。以上 10 个省份正处于城镇化水平加速提升阶段，逐渐提升城镇化质量。如安徽省作为中部省份，计划到 2025 年常住人口城镇化率达到了 62%，构建紧凑、绿色为主体的新型城市和绿色小城镇，尽力提升城镇承载力和优化城镇化空间格局，打造宜居城镇。

第四，后进型城镇化发展质量。在本等级中共有 12 个省区，占全国各省份的38.6%，说明我国城镇化发展质量多数省份还很低，得分介于 0.2～0.4，包括青海、云南、宁夏、西藏、新疆、山西、甘肃、贵州、海南、广西、四川、湖南，排名最后的青海省，得分仅为 0.290，与全国排名第一上海市的得分相差近 3 倍，以上省份除了湖南、山西、海南，其余省份全部位于我国西部地区，主要有云南、宁夏、西藏、新疆、甘肃、青海、贵州、广西、四川 9 个省（区），以上省份城镇化水平处于加速发展阶段，目前党中央对于以上边疆省份都在实施精准扶贫，有效地转移乡村人口进入城镇，实施生态移民，同时党中央和国务院加强对西部省份的财政支持力度，加强城乡基础设施建设。

二是辽宁省城镇化发展质量在全国各省份中地位和作用。首先，通过以上表述可知，辽宁省城镇化发展水平始终处于全国前列，到 2018 年辽宁省城镇化水平达到 68.1%。经过测度可知，辽宁省城镇化发展质量综合得分 0.622，在全国各省份之中排名第九，处于次优行列，虽然城镇化水平排名靠前，但是城镇化发展质量处于次优行列，两者不相匹配。主要原因是辽宁省在以往城市建设中，由于历史欠账太多，近年来辽宁新市镇和新城的建设规模不断增加，城市市政设施建设水平在整体上滞后，形成了粗放型发展模式。

与全国城镇化水平差距较小的山东、江苏、浙江、广东等省份相比，在城市基础设施和市政基础建设方面存在较大的差距（表 5-5、表 5-6），在东部沿海省份中，辽宁省城市用水普及率、燃气普及率与全国和东部沿海差距不大，人均道路铺装面积、人均公园绿地面积建成区绿化覆盖率都每万人拥有公共交通车辆、每万人拥有公共厕所等指标，都低于全国平均水平和其他省份，说明辽宁省在整体上还需提升城镇化发展质量。在此基础上，从辽宁省县城市政公用设施水平看，城市用水普及率和仅有这一项指标高于全国平均水平0.7%，城市燃气普及率高于广东省 0.9%，人均道路铺装面积稍高于广东省 0.83%。另外的燃气普及率、人均道路面积、人均公园绿地面积、成区绿化覆盖率、生活垃圾无害化处理率等指标均低于全国平均水平和东部沿海省份，说明辽宁省城镇化发展质量与全国和东部沿海省份还具有一定的差距。

辽宁省与全国各省份城市基础建设水平比较　　　　　　　　　表 5-5

项目	中国内地	辽宁	山东	江苏	浙江	广东	福建
城市用水普及率（%）	98.4	99.1	99.4	99.98	100	97.39	99.69
城市燃气普及率（%）	96.7	97.5	99.2	99.81	100	96.66	98.29
人均道路铺装面积（m²）	16.7	14.9	25.28	25.2	18.05	13.39	20.59

续表

项目	中国内地	辽宁	山东	江苏	浙江	广东	福建
人均公园绿地面积(m²)	14.1	12.1	17.64	14.66	13.73	18.34	14.62
建成区绿化覆盖率(%)	41.1	39.9	41.8	43.1	41.2	44.01	44.3
每万人拥有医院床位(张)	60.3	72.1	60.6	61.1	57.9	45.6	72.50
每万人拥有卫生技术人员(人)	68.3	69.5	73.5	73.3	84.7	66.6	108.2
每万人拥有公共交通车辆(标台)	13.1	11.7	15.13	15.63	16.1	12.74	15.28
每万人拥有公共厕所(个)	2.9	1.81	1.92	4.13	3.17	1.87	3.68
森林覆盖率(%)	22.96	39.2	17.51	15.2	59.43	53.52	66.81

数据来源:中国统计年鉴。

中国东部地区主要省份县城市政公用设施水平比较　　　表 5-6

项目	中国内地	辽宁	山东	江苏	浙江	广东	福建
用水普及率(%)	93.83	91.19	98.81	99.77	100	88.82	98.72
燃气普及率(%)	83.85	77.67	95.88	99.82	99.37	89.51	97.61
人均道路面积(m²)	17.73	13.61	21.6	19.99	22.73	12.78	17.71
人均公园绿地面积(m²)	12.21	11.03	15.36	12.94	14.62	14.47	14.66
建成区绿化覆盖率(%)	35.17	19.24	39.97	41.75	41.44	31.95	42.56
生活垃圾无害化处理率(%)	93.24	91.75	99.84	100	100	99.97	99.32

数据来源:中国统计年鉴。

5.3　辽宁省各市城镇化发展质量分析与评价

利用公式 5.1 将表 5-1 中列出的 20 项指标进行标准化以后,再利用公式 5.2~5.5 计算辽宁省 14 个省辖市的 2000 年、2010 年、2018 年总体城镇化发展质量(见表 5-7)。

辽宁省城镇化发展质量得分　　　表 5-7

城市	2000 年		2010 年		2018 年	
	UDQ	名次	UDQ	名次	UDQ	名次
沈阳	0.874	1	0.758	2	0.776	2
大连	0.677	2	0.859	1	0.877	1
鞍山	0.438	4	0.432	6	0.380	7
抚顺	0.334	7	0.324	9	0.337	9
本溪	0.337	6	0.433	5	0.391	6
丹东	0.206	14	0.219	12	0.320	10
锦州	0.369	5	0.339	8	0.409	5
营口	0.277	9	0.465	4	0.433	4
阜新	0.207	13	0.232	11	0.239	12
辽阳	0.321	8	0.421	7	0.372	8
盘锦	0.550	3	0.494	3	0.516	3
铁岭	0.257	10	0.288	10	0.271	11
朝阳	0.235	11	0.138	14	0.150	14
葫芦岛	0.230	12	0.189	13	0.237	13

注:UDQ 为城镇化发展质量指数。

5.3.1　城镇化发展质量的阶段性特征

首先，依据城镇化发展质量划分标准，将辽宁省 14 个省辖市的城镇化发展质量划分成 3 种类型（表 5-8）。2000 年沈阳城镇化发展质量指数为 0.874，处于优化完善阶段，大连城镇化质量指数为 0.677，处于优化完善阶段。鞍山、抚顺、本溪、锦州、辽阳和盘锦的城镇化发展质量得分介于 0.3～0.6 之间，处于加速提升阶段；其余地级市的城镇化发展质量指数低于 0.3，处于低质量发展阶段；2010 年大连城镇化发展质量得分为 0.871，城镇化发展质量由优化完善阶段，沈阳城镇化发展质量得分为 0.752，处于优化完善阶段。鞍山、抚顺、本溪、锦州、营口、辽阳和盘锦等 7 个地级市的城镇化发展质量得分介于 0.3～0.6 之间，处于加速提升阶段，其余地级市处于低质量发展阶段；2018 年大连城镇化发展质量得分为 0.877，处于后期完善阶段，沈阳城镇化发展质量得分为 0.776，仍处于优化完善阶段；鞍山、抚顺、本溪、丹东、锦州、营口、盘锦和辽阳等 8 个地级市的城镇化发展质量得分介于 0.3～0.6 之间，其余 4 个地级市城镇化质量处于低质量发展阶段。

其次，从城镇化发展质量的排名看，沈阳和大连城镇化发展质量始终在辽宁省处于前列，2000 年沈阳在省内处于领先地位，在 2008 年和 2014 年大连市处于省内领先地位。鞍山、抚顺、本溪、锦州、辽阳、盘锦 6 个地级市排名处于中间水平，营口和丹东两市由低质量阶段上升到快速发展阶段，名次有所提升，阜新、朝阳、铁岭和葫芦岛等排名比较靠后。从总体上看，辽宁省城镇化的质量提升趋势比较明显，14 个省辖市的所占阶段的分布数量看（表 5-8），处于加速提升阶段的城市最多，占到全省的 60％以上，说明辽宁省城镇化发展质量还有上升的空间，省内低质量发展阶段城市数量在逐渐减少。

辽宁省城镇化发展质量阶段划分　　　　　　　　　　　　　　表 5-8

阶段	2000		2010		2018	
	数量	城市	数量	城市	数量	城市
优化完善阶段	2	沈阳、大连	2	大连、沈阳	2	大连、沈阳
加速提升阶段	6	鞍山、抚顺、本溪、锦州、辽阳、盘锦	7	鞍山、抚顺、本溪、锦州、营口、辽阳、盘锦	8	鞍山、抚顺、本溪、丹东、锦州、营口、盘锦、辽阳
低质量发展阶段	6	丹东、营口、阜新、朝阳、铁岭、葫芦岛	、5	丹东、阜新、朝阳、铁岭、葫芦岛	4	阜新、朝阳、铁岭、葫芦岛

5.3.2　城镇化发展质量的空间分异

首先，从三个时间节点看分数间隔看，2000 年沈阳城镇化发展质量得分（0.874）最高，丹东的城镇化发展质量得分（0.206）最低；2008 年大连城镇化发展质量得分（0.803）最高，朝阳城镇化发展质量得分（0.138）最低；2014 年大连城镇化发展质量指数（0.877）最高，朝阳城镇化发展质量得分（0.106）最低，说明辽宁省城镇化空间分异特征比较明显；其次，从辽宁省经济区划看，在沈阳经济区的鞍山、抚顺、辽阳、本溪，以及沿海经济带的盘锦、锦州的城镇化发展质量较高，形成了城镇化发展质量"凸起区"，而处于外围地域的朝阳、铁岭、阜新、葫芦岛、丹东的城镇化发展质量较低，形成了城镇化发展质量的"塌陷区"；三是从省内的地域区划看，辽中南地区的大连、沈阳、鞍山、辽阳、营口和锦州的城镇化发展质量在省内处于领先地位，辽东地区的丹东、抚顺和本溪等 3 个地级市和辽西北地区的铁岭、阜新、朝阳、葫芦岛 4 个地级市的城镇化发展质量相比辽中南地区还有一定差距，在空间上形成了"中间地区高、东西两边低"的空间分异特征。

5.4 辽宁省城镇化发展质量层级划分

本书利用 2000 年、2010 年和 2018 年三个时间节点城镇化发展质量的平均分，借助 SPSS16.0 软件，距离以欧式距离为主，利用离差平方和法，对辽宁省 14 个省辖市的城镇化发展质量划分成三个层级地域：第一层级—核心城市区、第二层级—周边城市区、第三层级—外围中小城市区（图 5-1）。

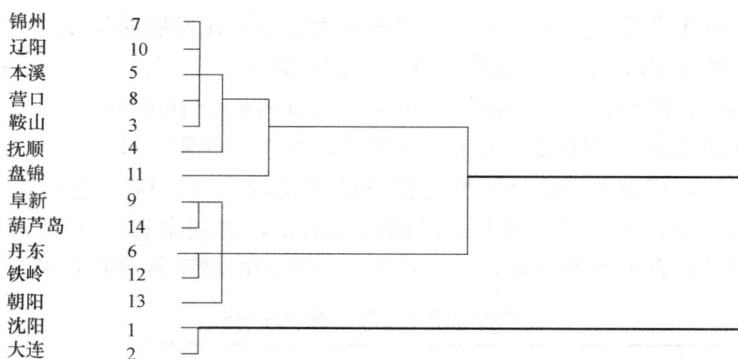

图 5-1 聚类分析树状图

5.4.1 第一层级区—核心城市区

通过聚类分析测度结果可知，在第一层级区包括沈阳和大连两个副省级城市，城镇化发展质量处于优化与完善阶段，具体特征如下：一是沈阳和大连是我国面向东北亚地区开放的窗口，位于我国东北地区的核心区域，在全国社会经济发展过程中，具有举足轻重的地位。目前，沈阳和大连两市属于人口超过 300 万人的超大城市，非农就业人口超过 90%，在个体和私营企业就业的人数在逐年增长，城市居民生活水平在省内也是比较靠前；二是沈阳和大连正在推进产业转型升级，沈阳在沈北、铁西和浑南新区重点培育高端装备业、航空、新能源、生物医药、节能与环保、信息产业 7 大战略性新型产业；大连以船舶制造、高端装备、软件信息、云计算、数控机器人、新能源汽车和精细化工作为新兴产业。两市的金融、物流和文化产业等新型服务业也有一定基础；三是城市功能逐渐向农村延伸，城乡二元结构正在逐渐缩小。四是在城镇化进程中，由于受到高污染和高耗能产业发展的影响，市内的大气环境质量在逐渐变好。因此，在加速人口城镇化进程中，只有生态环境质量提升，才能为居民提供高质量的宜居环境，为城市居民增加幸福指数。

5.4.2　第二层级区—周边城市区

第二层级中包括抚顺、辽阳、本溪、营口、鞍山、锦州和盘锦等7个地级市，属于区域性中心城市，城镇化发展质量指数介于0.3～0.6，处于加速提升阶段，具体特征如下：一是以上7个区域性中心城市都位于辽中南城市群，与沈阳和大连两大核心城市毗邻，受交通区域和毗邻大城市的影响，与核心城市的经济联系活动较多，市内交通、通信、医疗和资本流动等与核心城镇向一体化方向发展。如沈阳、铁岭和抚顺三市的通话取消漫游费，实现统一资费，统一使用区号024等；二是鞍山和抚顺是人口超过100万人的特大城市，其余5个地级市属于人口为50万～100万人的大城市，在私营和个体工商户的就业数量在不断增加，同时市内受到产业转型升级影响，人口就业数量和质量都在进一步增加，但受到地方经济发展和老工业基地地区发展政策的影响，以上城市的居民生活质量较低；三是经济发展处于工业化的中期阶段，煤炭和石油化工、光伏产业、高端制造、冶金和生物制药产业成为地方发展的主导产业。随着辽宁省公路和铁路的交通网络的完善，沿海经济带的城市都在与东北地区的内陆城市加速港腹一体化的建设，为东北地区发展外向型经济带来了一定的便利；四是近期辽宁省正在加速中南部地区的海城新城、腾鳌新城、牛庄新市镇、沈抚新城、南口新市镇等新城和经济开发区的建设，打造具有新型城镇化背景下的特色城镇，进一步提升辽宁中南部城市群的发展质量。

5.4.3　第三层级区—外围城市区

第三层级主要包括丹东、葫芦岛、朝阳、阜新和铁岭5个地级市，城镇化发展质量低于0.3，属于低质量发展阶段。具体特征如下：一是以上5个地级市在地理位置上处于祖国的边境地带或省际交界之间，被"边缘化"的趋势比较明显，铁岭、阜新等毗邻沈阳和大连等核心城市，但是城镇化发展质量很低，说明受到核心城市的经济辐射带动效应比较薄弱，具有"灯下黑"特征；二是以上5个地级市处于工业化的初期或者中期阶段，农业产值在地区国内生产总值中还占有很高的比重。市内工业多以劳动密集型初级加工业为主，受传统计划经济影响比较严重，如阜新属于典型的资源型城市，当煤炭资源枯竭时，面临产业转型和下岗工人多的影响，导致城镇化发展质量较低，而金融、物流、文化传媒和旅游等现代化服务业还比较薄弱。由于产业经济发展缓慢，促进城镇化发展质量提升的内生动力不足，不能为农村人口创造更多的岗位，城乡二元结构比较突出；三是在推进新型城镇化进程中，近期辽宁省政府正在加速开原和昌图新城、锦州滨海新区、葫芦岛—兴城同城化、阜新"五个新城"和丹东边境经济开发区等新市镇和经济开发区的建设进程，但是由于前期市内对于城市基础设施欠账较多，由于"半城市化"的发展状态导致城镇化在省内处于低水平发展行列。

5.5　辽宁省各市城镇化发展质量的层级形成机理

5.5.1　自然环境的影响

辽宁是我国东北地区沿海省份，国土面积为$14.8 \times 10^4 km^2$，大陆海岸线2178km，地势上形成了东西为山地丘陵、中间为平原的分布格局,外加资源禀赋对于城市建设影响较大。在辽西地区的部分城市,受到大陆性季风气候和北方风沙的影响,导致降水量少和植被稀疏,辽宁东北部地区是中部地区的水源涵养林地和天然林保护区,在城市建设过程中受到的限制较多。而辽宁中部地势平坦,海岸线、煤炭、石油等资源比较丰富,人类早期在中部地区的沈阳、辽阳、鞍山、盘锦、营口等城市进行开发,交通、城市建设和人居环境具有较高的发展质量,导致中部地区与辽西和辽东地区形成了明显的差异性。

5.5.2 国家宏观政策的影响

中央和省委省政府在部署国家级发展战略时,通常将一些项目布局在沈阳和大连,在外围中小城市进行企业布局很少。长此以往使得中小城市失去很多机会。如辽西地区的朝阳,在政策扶持方面与辽宁中部的城市具有较大差距,导致外部投资、各类人才和技术等要素流入极少,市内的大部分资本和人才流向外地。中国实行中央和省级政府直管省辖市的层级管理模式,省政府通过财政转移支付、和财政补贴等专项资金将向下级城市分配,通常将专项资金分配给核心城市,如以 2013~2018 年 5 年的辽宁省辖市的全社会固定资产数量为例(图5-2),沈阳和大连的固定资产投资总额为49122.1亿元,其余13个地级市的总量为45184.3亿元,资源分配的不平衡性使得省内中小城市成为"弱势群体",导致核心城市与中小城市的城镇化发展质量产生很大的差距;三是国家在布局对战略产业布局在核心城市或者交通便利地区,如2006年辽宁省一共获批6个国家级高新技术开发区,分布沈阳(2个)、大连(2个)、营口(1个)和鞍山(1个)[1],由于经济开发区和高新技术开发区是国外投资、先进技术和管理经验的聚集地,在一定程度带动了城市建设和居民就业,导致省内各个城市之间的经济发展实力形成了明显的层级差异。

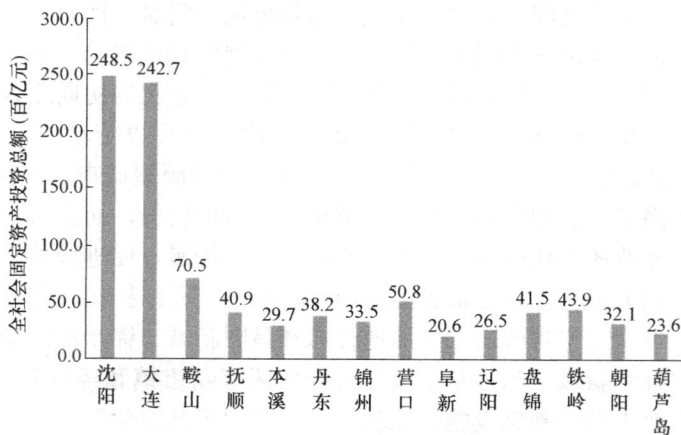

图 5-2 辽宁省固定资产投资总额差异

(资料来源:辽宁省统计年鉴)

5.5.3 经济发展基础

一是辽宁省作为全国老工业基地,抚顺、鞍山、盘锦、阜新等资源型城市在中华人民

---

① 国家发展改革委员会. 中国开发区审核公告目录 [M]. 北京:中国计划出版社,2007.

共和国成立初期为国家输送大量的资源产品，受国家统一分配的影响，输出的资源型产品价格较低，导致部分资源型城市没有更多的资金用于城市建设。到 20 世纪 90 年代末，当面临资源型枯竭时，导致部分城市的产业结构转型难度大，下岗失业人多，基础设施落后等多重因素，严重影响城镇化发展质量的提升；二是在经济发展过程中，部分中小城市受技术水平差和投资环境差等因素的影响，世界 500 强企业很少来此投资，外加本地特大企业少和品牌知名度低，导致部分中小城市的地区国民生产总值低于全省平均水平。如2013 年丹东、锦州、阜新、铁岭、朝阳和葫芦岛等城市的人均国民生产总值都低于全省平均值（59880 元）；三是在产业结构中农业还占有一定比重，均达到 15%；经济发展处于工业化初期阶段，新兴产业中旅游业、物流、金融和文化创意创业处于待开发阶段，导致经济实力较弱，没有带动更多的人口就业，与核心城市的城镇化发展质量形成了明显差距。

5.5.4　交通区位的影响

在鸦片战争以后，东北地区受到外国侵华势力的影响，大连和营口被迫开埠，在1902 年中东铁路的南满支线的哈尔滨至旅顺铁路陆续开通[①]，沿线城市借助交通便利优势，带动大连、沈阳、辽阳和鞍山等沿线城市的人口不断增长和城市规模在不断扩大，在辽宁中部城市群形成密集的交通网络，吸引更多的人流、资金流、物流和信息流向辽宁中南部地区，带动沿线城市人口和经济水平逐渐强大，有效地提升城镇化发展质量，成为辽宁省经济发展的高地。而辽宁省外围中小城市早期由于交通条件的不利因素，在经济发展和城市建设过程中，各种要素的流入与流出需要付出高额成本，城市建设和区域发展受到一定的限制，使得区域经济的发展规模、居民生活水平和基础设施建设质量非常低。

5.5.5　人口流向的影响

由于人口是生产力诸因素中最活跃的因子，对城市建设和经济发展影响非常大，人口数量决定着消费市场和劳动力供给情况。一是沈阳和大连两城的教育医疗、就业机会和劳动报酬具有先天优势，在地缘上吸引更多的人口流向沈阳和大连两个城市，在国家"第六次人口普查"时，沈阳和大连的常住人口高出户籍人口数量分别为 91 万人和 82 万人，属于人口净流入区[②]。流入的人口进一步促进了城市消费市场和住房规模的增加，同时也为城市填补了更多的劳动力。二是在沈阳和大连有多所大专院校，学生毕业以后留在沈阳、大连、鞍山、营口和抚顺等城市就业，高素质人口在高新技术产业发展注入新鲜血液的同时，也带动核心城市的房地产和第三产业的繁荣兴盛。

5.6　本章小结

本章主要对辽宁省城镇化发展质量进行综合测度，从人口与土地等两个维度构建指标体系，选择测度模型对城镇化发展质量进行综合测度，并分析辽宁省城镇化发展质量的基

---

① 曲晓范 . 近代东北城市的历史变迁［M］. 长春：东北师范出版社，2001.
② 国家统计局人口与就业司 . 2010 年第六次全国人口普查主要数据［M］. 北京：中国统计出版社，2011.

本情况和内在机理。具体结论如下：

（1）辽宁省全省城镇化发展质方面，在 2000～2018 年辽宁省城镇化发展质量呈现出逐年上升的趋势，说明辽宁省在加速城镇化进程的同时，城镇化发展质量也在不断提升。在全国各省的城镇化发展质量得分看，辽宁省城镇化发展质量得分排名第七，处于次优行列，与全国和东部沿海各省份相比，城镇化发展质量有待提高，发展内涵式城镇化还任重而道远。

（2）辽宁省地级市城镇化发展质量方面，以 3 个时间节点测度城镇化发展质量，沈阳和大连两市的城镇化发展质量始终领先于辽宁省其他城市，周边城市抚顺、鞍山、辽阳、盘锦、锦州等城市的发展质量处于中等行列，还需要加速提升。丹东、葫芦岛、朝阳、阜新、铁岭的城镇化发展质量处于加速提升阶段，在空间分异上形成了核心—外围依次递减的空间分布特征。

（3）辽宁省城镇化层级区方面，根据省内城镇化发展质量层级划分标准，将其分为三个层级，第一层级为核心城区，主要是以沈阳和大连两市，带动城市向周边城市，逐渐形成一体化发展。第二层级为外围城市区，主要依附在沈阳和大连两市的鞍山、辽阳、锦州、抚顺、营口、盘锦、本溪 7 个地级市；第三层级为外围城市区，包括丹东、葫芦岛、朝阳、阜新和铁岭 5 个地级市。

（4）关于城镇化发展质量层级体系的机理，主要是受到国家实施战略、自然资源、区位交通条件、经济发展基础、人口流向等因素的影响。

第6章

辽宁省人口与土地城镇化耦合协调研究

第5章从宏观的维度,对辽宁省城镇化发展质量进行测度与研判,还需测度辽宁省人口城镇化与土地城镇化耦合协调度,进一步反映城镇化发展质量。在此阐述协调耦合度测度方法,解读辽宁省全省人口城镇化与土地城镇化的耦合协调度变化趋势和形成机理,以全省 14 个城市为研究样本,测度其人口城镇化与土地城镇化的耦合协调度,分析各城市的协调耦合基本类型和时序变化。

6.1 辽宁省人口与土地城镇化协调耦合度测度方法

6.1.1 测度方法

利用人口与土地城镇化发展质量得分,本书利用物理学领域的耦合度模型测度人口与土地城镇化协调性,计算模型如下[①]:

$$C=\sqrt{\frac{PUQ \times LUQ}{(PUQ+LUQ) \times (PUQ+LUQ)}} \qquad (6.1)$$

在公式(6.1)中,C 代表人口与土地城镇化的耦合度,PUQ 代表人口城镇化质量,LUQ 代表土地城镇化质量。鉴于人口和土地两个系统在低水平阶段仍然能求得较高的耦合度,无法判断两大系统真实的协调耦合状态。为避免出现以上不足,利用协调耦合度模型揭示人口与土地城镇化协调性,具体模型如下:

$$D=\sqrt{C+T} \qquad T=\alpha U_p + \beta U_l \qquad (6.2)$$
$$ND=1-D \qquad (6.3)$$

在公式(6.2)和公式(6.3)中,C 代表耦合度,D 代表协调耦合度,T 代表协调指数,ND 为非协调耦合系数,其中 α、β 为两大系统的待定系数,由于人口和土地两大系统都同等重要,令 α、β 为 0.5。

6.1.2 评价标准

首先,将人口与土地城镇化协调耦合度划分为 10 大类型(表 6-1):($0.00 < D \leqslant$

[①] 刘耀彬,李仁东. 城市化与生态环境协调标准及其评价模型研究 [J]. 中国软科学,2005,(5):140-148.

0.09）为极度失调（0.10＜D≤0.19）为重度失调；（0.20＜D≤0.29）为中度失调；（0.30＜D≤0.39）为轻度失调；（0.40＜D≤0.49）为濒临失调；（0.50＜D≤0.59）为勉强协调；（0.60＜D≤0.69）为初级协调；（0.70＜D≤0.79）为良好协调；（0.80＜D≤0.89）为高度协调；（0.90＜D≤1.0）为优质协调。

其次，在研究人口与土地城镇化非协调耦合过程，笔者依据以往测度结果，将非协调耦合系数 ND 划分为五种类型：（0＜ND≤0.2）属于低水平协调耦合；（0.2＜ND≤0.4）属于拮抗非协调耦合；（0.4＜ND≤0.6）属于中度磨合非协调耦合；（0.6＜ND≤0.8）属于轻度磨合非协调耦合；（0.8＜ND≤1.0）属于高水平非协调耦合。

人口与土地城镇化协调发展类型　　　　　　　　表 6-1

序号	协调耦合度	协调发展类型	大类	变化情况	协调发展类型
1	（0.00~0.09）	极度失调衰退类			
2	（0.10~0.19）	重度失调衰退类			
3	（0.20~0.29）	中度失调衰退类	失调类		
4	（0.30~0.39）	轻度失调衰退类			
5	（0.40~0.49）	濒临失调衰退类		$PUQ>LUQ$ $PUQ=LUQ$ $PUQ<LUQ$	土地城镇化滞后型 人口与土地城镇化同步型 人口城镇化滞后型
6	（0.50~0.59）	勉强协调发展类			
7	（0.60~0.69）	初级协调发展类			
8	（0.70~0.79）	良好协调发展类	协调类		
9	（0.80~0.89）	高度协调发展类			
10	（0.90~1.00）	优质协调发展类			

资料来源：根据相关资料整理。

6.1.3 指标体系

首先，在测度人口与土地城镇化协调耦合度时，利用第五章城镇化发展质量的综合测度指标，从人口和土地两个维度构建起指标体系。其次，数据来源是来源于《中国城市统计年鉴》和历年《辽宁省统计年鉴》，部分数据经过加工所得。

6.2　辽宁省人口与土地城镇化协调耦合度评价

利用公式（5.1）和公式（5.4）计算出 2001~2018 年辽宁省人口与土地城镇化发展质量综合分值，运用公式（6.1）、公式（6.2）和公式（6.3），计算出人口与土地城镇化协调耦合度 D 分值（表 6-2），以及非协调耦合度 ND（表 6-3）。

辽宁省人口与土地城镇化协调耦度评价结果　　　　　　　　表 6-2

年份（年）	PUQ	LUQ	$PUQ-LUQ$	协调耦合类型	D	协调耦合亚类
2001	0.052	0.068	−0.016	人口城镇化滞后型	0.172	重度失调衰退类
2002	0.075	0.098	−0.023	人口城镇化滞后型	0.189	重度失调衰退类
2003	0.065	0.086	−0.021	人口城镇化滞后型	0.194	重度失调衰退类
2004	0.076	0.100	−0.024	人口城镇化滞后型	0.209	中度失调衰退类
2005	0.101	0.133	−0.032	人口城镇化滞后型	0.241	中度失调衰退类
2006	0.118	0.155	−0.037	人口城镇化滞后型	0.260	中度失调衰退类

年份(年)	PUQ	LUQ	PUQ-LUQ	协调耦合类型	D	协调耦合亚类
2007	0.137	0.179	-0.042	人口城镇化滞后型	0.280	中度失调衰退类
2008	0.169	0.222	-0.053	人口城镇化滞后型	0.311	轻度失调衰退类
2009	0.184	0.242	-0.058	人口城镇化滞后型	0.325	轻度失调衰退类
2010	0.205	0.269	-0.064	人口城镇化滞后型	0.343	轻度失调衰退类
2011	0.235	0.308	-0.073	人口城镇化滞后型	0.367	轻度失调衰退类
2012	0.263	0.345	-0.082	人口城镇化滞后型	0.388	轻度失调衰退类
2013	0.267	0.350	-0.083	人口城镇化滞后型	0.391	轻度失调衰退类
2014	0.281	0.369	-0.088	人口城镇化滞后型	0.401	濒临失调衰退类
2015	0.286	0.375	-0.089	人口城镇化滞后型	0.404	濒临失调衰退类
2016	0.295	0.387	-0.092	人口城镇化滞后型	0.411	濒临失调衰退类
2017	0.310	0.407	-0.097	人口城镇化滞后型	0.422	濒临失调衰退类
2018	0.315	0.413	-0.098	人口城镇化滞后型	0.425	濒临失调衰退类

注：LUQ 代表土地城镇化质量综合分值、PUQ 代表土地城镇化质量综合分值、D 代表协调耦合系数。

6.2.1 辽宁省人口城镇化发展质量评价

通过表 6-2 可知，在 2001～2018 年辽宁省人口城镇化综合指数呈现出快速增长的态势，在 2001 年人口城镇化发展质量分值为 0.052，到 2018 年增加到 0.315，增长近 6 倍。通过在计算人口城镇化指标权重可知，城市人口密度（0.112）、第二产业就业人员比重（0.129）、非农业人口比重（0.101）、每千人在校大学生数（0.123）权重系数较高，对提升人口城镇化质量的贡献度较大。但第三产业就业人数比重（0.008）、人均可支配收入（0.057）、每千人拥有医生数（0.021）权重系数较低，对提升人口城镇化质量的贡献度较小。通过以上分析，虽然辽宁省人口城镇化质量综合分值增长加快，但是全省仅是在人口数量上的增加，主要是依靠重工业企业就业，因此第二产业就业人数对于人口城镇化发展质量贡献度较高，这与辽宁省工业大省相吻合。但在新型城镇化进程中，第三产业就业权重系数较低，对于城镇化发展贡献度较低。根据发达国家的就业标准，第三产业就业比重达到 60% 才属于充分就业，但是辽宁省全省人口在第三产业服务业领域就业不足 50%，说明在振兴东北老工业基地时候主要促进现代服务业发展，增加居民可支配收入，拉动居民消费，才能实现国内循环和国际国内双循环的发展模式。在此基础上，还要加强医疗卫生、教育、养老机构等公共产品的供应，尤其是人均每千人的医生数量权重较低，说明全省人均医生数量供应不足。总之，在增加城市人口数量的同时，更为重要的是增加城市公共基础设施和创造就业岗位，增加居民收入水平。

6.2.2 辽宁省土地城镇化发展质量评价

根据表 6-2 可知，在 2001 年土地城镇化质量综合分值为 0.068，到 2018 年土地城镇化发展质量综合分值 0.413，增长近 5 倍，说明全省土地城镇化质量综合分值增长趋势非常明显，有效地带动全省城镇化发展质量的提升。通过各个子系贡献度可知，辽宁省人均固定投资总额（0.101）、人均工业生产总值（0.104）、建成区面积（0.125）、人均公共绿地面积（0.127）等指标的权重系数较高，对土地城镇化贡献率较高。人均GDP（0.065）、第三产业占GDP比重（0.044）、人均社会消费品零售总额（0.003）、工业固体废物综合利用率（0.012）等指标的权重系数较低。主要原因如下：首先，说明辽宁省在推进城镇化进程中，由于辽宁省属于老工业基地，原有产业是以资本密集型为主，占工业总产值的60%以上，相对第三产业占GDP比重在推进城镇化所占贡献度较低，说明辽宁省现代服务业还没有形成规模。在进入21世纪以后，辽宁省面临产业转型和城市建设，多数国有大型企业需要改制，地区经济增长缓慢，外加下岗人数多，居民收入水平下降，导致人均社会消费品零售总额较低；其次，辽宁省人均固定资产投资总额、建成区面积和人均公共绿地面积对于城镇化贡献度较高，说明辽宁省近期通过加大投资力度，加强棚户区改造和新市镇扩建，进一步扩大城市规模，增加城市建设基础设施建设，由于企业设备陈旧、工艺落后和资源利用粗放，导致工业废气、废水、废渣等"三废"利用率较低，近期经过技术改造，情况有所好转。因此，在推进新型城镇化进程中，需要控制城市规模，以生态环保理念为指导，构建起绿色、环保、低碳的城镇化。

6.2.3 辽宁省人口与土地城镇化协调耦合度分析

通过表6-1可知，在2001～2018年人口城镇化与土地城镇化耦合协调度 D 主要停留于失调阶段，协调耦合类型属于人口城镇化滞后型，从协调耦合度亚类可将分为四个时段，分为重度失调、中度失调、轻度失调、濒临失调等4种类型。

首先，在2001～2003年，辽宁省人口与土地城镇化协调耦合度 D 介于0.10～0.19，属于重度失调，原因是在改革开放以前，由于历史欠账较多。在进入21世纪以后，盲目追求城镇化的快速发展，但这种快速增长并非通过人口从农业向城市转移来完成，而是通过大兴土木和大搞城市建设来实现，导致土地城镇化与人口城镇化处于重度失调状态。

其次，在2004～2007年，辽宁省人口与土地城镇化协调耦合系数 D 介于0.2～0.29之间，处于中度失调阶段。在国家"十五计划"阶段辽宁省在加速城市建设和促进产业转型方面，人口城镇化速度逐渐放缓，带动城市人口就业、住房、医疗、教育质量的改善，但是城市规模扩张较快，导致两大系统逐渐协调耦合度处于中度失调阶段。

再次，在2008～2013年，辽宁省人口与土地城镇化协调耦合系数 D 介于0.3～0.39之间，属于轻度失调阶段。在此阶段属于辽宁省"十一五"期间，产业对于人口城镇化的支撑作用比较有限，主要是以重工业为主，进城人口灵活就业和创业带来条件较为艰难。随着全省城市规模扩张是以房地产扩建和棚户区改造两大"车轮"向前推进，一部分居民从改造中受益，但是利用房地产扩张带动各个城市新区和新市镇规模和数量的增加，由于人口数量少，新区和新市镇入住人数少，导致人口与土地城镇化处于失调状态。

最后，在2014～2018年，辽宁省人口与土地城镇化耦合协调系数 D 介于0.4～0.49之间，处于濒临失调阶段。在此期间是我国"十三五"规划发展时期，在党的十八大会议召开以后，国务院明确规定减少楼堂馆所建设，增加城镇化内涵建设，提高城镇化发展质量。重点是改善民生和减少城市"摊大饼式"扩张，优化城镇化布局，在放缓人口城镇化速度的基础上，更加注重辽宁省沿海经济带、辽宁省西北部城市群、辽宁中南部城市群的基础设施建设，促进同城化和一体化建设，增加城镇化发展内涵。

6.3 辽宁省人口与土地城镇化非协调性耦合评价

6.3.1 辽宁省人口与土地城镇化非协调性耦合度分析

根据表 6-3 中可知人口与土地城镇化耦合协调系数 D 和非协调耦合系数 ND，联合两个结果绘制非协调耦合曲线（图 6-1），根据上文判定标准可知，辽宁省人口与土地城镇化非协调性耦合具有明显的阶段性特征。

辽宁省人口城镇化与土地城镇化非协调性耦合类型　　　　表 6-3

年份（年）	D	ND	非协调耦合类型	年份（年）	D	ND	非协调耦合类型
2001	0.172	0.828	高水平非协调耦合	2010	0.343	0.657	轻度磨合非协调耦合
2002	0.189	0.811	高水平非协调耦合	2011	0.367	0.633	轻度磨合非协调耦合
2003	0.194	0.806	高水平非协调耦合	2012	0.388	0.612	轻度磨合非协调耦合
2004	0.209	0.791	轻度磨合非协调耦合	2013	0.391	0.609	轻度磨合非协调耦合
2005	0.241	0.759	轻度磨合非协调耦合	2014	0.401	0.599	中度磨合非协调耦合
2006	0.260	0.74	轻度磨合非协调耦合	2015	0.404	0.596	中度磨合非协调耦合
2007	0.280	0.720	轻度磨合非协调耦合	2016	0.411	0.589	中度磨合非协调耦合
2008	0.311	0.689	轻度磨合非协调耦合	2017	0.422	0.578	中度磨合非协调耦合
2009	0.325	0.675	轻度磨合非协调耦合	2018	0.425	0.575	中度磨合非协调耦合

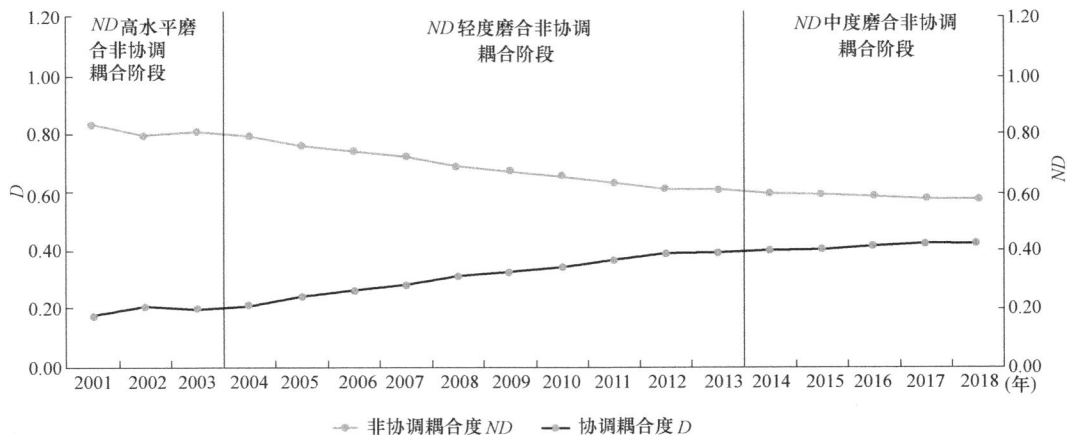

图 6-1　辽宁省人口与土地城镇化非协调耦合曲线

首先，在 2001～2003 年辽宁省人口与土地城镇化协调协调耦合度系数 D 低于 0.3，非协调耦合系数 ND 介于 0.8～1.0 之间，属于高水平非协调耦合阶段，说明人口城镇化与土地城镇化协调耦合度处于重度或者中度失调阶段，说明辽宁省在"九五"期间虽然城镇化进程较快，带动城市人口密度和非农业人口的增加，但是进城人口就业质量、教育质量、医疗质量等没有得到相应的提高，因为城市土地规模扩张的同时，给进城人口提供岗位较少，城市道路、住房、交通、医疗设备、教育资源没有相应的跟进，导致土地城镇化质量较低，使得人口城镇化与土地城镇化不协调耦合系数较高。

其次，在2004～2013年辽宁省人口与土地城镇化协调耦合系数 D 介于 0.2～0.399 之间，由中度失调阶段向轻度失调阶段过渡，非协调性耦合系数 ND 处于轻度磨合非协调耦合阶段，在此阶段正值国家振兴东北老工业基地战略实施的初级阶段，带动辽宁省土地城镇化提升较快，但是人口城镇化发展质量增长缓慢。在经历了2008年全球金融危机以后，在国家各项政策支持下，辽宁省沿海经济带、沈阳经济区、棚户区改造等战略不断实施，辽宁省城市建设质量在不断提升，相对以人为本的城镇化还没有真正实现。

第三，在2014～2018年辽宁省人口与土地城镇化协调耦合系数 D 介于 0.4～0.499 之间，处于濒临失调阶段，ND 非协调耦合系数介于 0.4～0.6 之间，属于中度磨合非协调耦合阶段。在此期间属于进入国家"十三五"期间，我国进入经济发展的新常态，辽宁省市场经济体制不断完善，国有企业改革取得重要的成绩，基础设施建设实现新跨越，城乡面貌建设发生重大变化，循环经济试点建设取得明显成效。在人口城镇化方面，人民生活水平有所改善，城市第二产业、第三产业就业人数有所增加，带动城镇居民可支配收入有所增加。但是人口与土地城镇化协调耦合度尚未进入协调发展阶段。因此，促进人口与土地城镇化协调耦合，实现城镇化高质量发展，还任重而道远。

6.3.2　辽宁省人口与土地城镇化非协调性耦合形成机理

通过以上测度可知，目前辽宁省人口城和土地城镇化非协调耦合状态较为明显，导致这种发展态势的主要从以下四个方面考虑。

6.3.2.1　国家宏观政策因素的影响

由于政府在运行过程中，中央和地方政府承担各自的事权，地方政府要承担地方城市建设、地区经济发展和事业单位运行等三个方面的职责，中央对地方转移支付的资金不够地方政府公共建设财政支出，导致地方政府出现了较大的财政缺口，但是地方政府为了维护城市运转，部分城市依靠出卖土地，将农村的集体用地置换为城市国有土地，通过征地或者挂牌拍卖等途径出售给房地产开发商，进一步加速了土地城镇化进程。从中华人民共和国成立至今，辽宁省作为东北老工业基地，向国外输出较多资源型产品和工业制品，由于出售的资源型产品价格较低，部分城市没有太多的资金，政府缺乏更多的财政资金用于经济发展建设，导致地方政府缺少城市建设的资金，在城镇化进程中出现了很多的不和谐音符，导致人口城镇化与土地城镇化非协调现象非常明显。

6.3.2.2　二元户籍制度的影响

我国实行的城乡二元户籍制度，鉴于人口城镇化发展缓慢的基本情况，虽然加速了户籍制度改革，但在一定程度上抑制了人口城镇化的进程。首先，笔者通过走访调研得知，东北地区的农村人口居多属于"两栖型"，在农忙时节回村里参与农业生产，农闲时节进入城镇务工，部分农民不愿意成为市民，由于进入到城市以后生活成本较高，还不如在农村获得收入多，愿意将户籍留在农村，还能够获得较多政府的财政补贴；其次，在走访中得知，部分农民被政府拆迁或者征地以后，由于社会保障政策落实不利或者滞后，缺少谋生手段，导致部分市民生活水平很低，成为"农村无地、谋生无技、工作无职、社保无籍"的四无人员。综上所述，受二元户籍制度之分，外加教育、医疗、就业和社会保障等公共服务质量较差，农村不愿意进入城镇生活，阻碍了人口城镇化进程。

6.3.2.3 地方产业结构的影响

首先，辽宁省作为全国老工业基地，资源型产业和重工业作为省内的主导产业，在20世纪90年代末，部分资源型城市受到资源枯竭和产业结构单一因素等多重因素影响，鞍山、抚顺、本溪、阜新等城市的下岗工人较多，由于市内接续产业和现代服务发展滞后。在推进城镇化进程中，导致市民就业状况较差，影响到居民生活质量；其次，辽宁省作为老工业基地，受到产业结构调整和环境污染的影响，淘汰落后产能，减少劳动密集型产业。虽然辽宁省增加了很多经济技术开发区和高新技术开发区，发展信息、高端制造、生物医药等新型产业，但产业园区内部企业专业技术水平较高，对普通市民和缺乏技术农村人口没有太多的吸引力，从根本上不能解决人口就业问题，反而使得省内青壮年劳动力流向东部沿海地区就业，导致人口与土地城镇化不能协调发展[①]。

6.3.2.4 投资驱动因素的影响

首先，在促进城镇化道路上，政府通过较低的价格出售工业用地，由于工业用地的成本较低，促进更多的经济开发区、工业园区和高新技术开发区的建设速度，进一步推动了土地城镇化的进程[②]。在2007年辽宁省有5个国家级经济技术开发区和42家省级经济技术开发区形成规模；其次，政府实行高价出售住宅用地，住宅用地的高价出售，虽催生许多新城和新市镇，但是房价较高，距离市区较远，导致部分市民交通成本很高。由于新区在建设过程中，政府受到公共财政支出短缺和民间向基础设施的投资较少等多重因素等影响，新区的道路、供水、取暖、教育、医疗、商场等基础设施建设比较滞后，导致新区房屋入住率较低，严重制约人口城镇化的进程。综上所述，政府的投资导向是导致人口与土地城镇化不协调发展的重要原因之一。

6.4 辽宁省各市人口与土地城镇化协调性耦合度评价

6.4.1 辽宁省各市人口与土地城镇化发展质量

利用公式（5.1）～公式（5.5），计算得出辽宁省14省辖市人口与土地城镇化发展质量（表6-4），具体评价如下。

辽宁省各市人口城镇化质量与协调耦合类型　　　　　　　　　表6-4

城市	2001年			2010年			2018年		
	PUQ	LUQ	协调亚类	PUQ	LUQ	协调亚类	PUQ	LUQ	协调亚类
沈阳	0.750	0.657	A	0.752	0.764	A	0.728	0.823	B
大连	0.819	0.803	A	0.871	0.847	A	0.855	0.898	B
鞍山	0.527	0.510	A	0.406	0.457	B	0.356	0.404	B
抚顺	0.453	0.409	A	0.292	0.356	B	0.335	0.335	C
本溪	0.502	0.386	A	0.427	0.440	B	0.327	0.455	B

① 侯力，于潇. 东北地区突出性人口问题及其经济社会影响 [J]. 东北亚论坛，2015，(5)：118-126.
② 范进，赵定涛. 土地城镇化与人口城镇化协调性测定及其影响因素 [J]. 经济学家，2012，(5)：61-67.

城市	2001 年			2010 年			2018 年		
	PUQ	*LUQ*	协调亚类	*PUQ*	*LUQ*	协调亚类	*PUQ*	*LUQ*	协调亚类
丹东	0.285	0.249	A	0.204	0.233	B	0.279	0.360	B
锦州	0.507	0.308	A	0.438	0.240	A	0.382	0.436	B
营口	0.359	0.328	A	0.486	0.443	A	0.381	0.484	B
阜新	0.335	0.179	A	0.259	0.205	A	0.195	0.282	B
辽阳	0.449	0.335	A	0.386	0.457	B	0.302	0.443	B
盘锦	0.482	0.667	B	0.422	0.565	B	0.530	0.502	A
铁岭	0.333	0.229	A	0.257	0.318	B	0.282	0.313	B
朝阳	0.234	0.234	C	0.121	0.204	B	0.106	0.145	B
葫芦岛	0.350	0.306	A	0.168	0.210	B	0.145	0.328	B

注：*PUQ* 代表人口城镇化质量，*LUQ* 代表土地城镇化质量，A 代表土地城镇化滞后型、B 代表人口城镇化滞后型、C 代表人口与土地城镇化同步型

一是人口城镇化质量的总体情况分析。从表 6-4 中得知，在 2001 年、2010 年和 2018 年辽宁省整体上的平均值分别为 0.403、0.338 和 0.360，说明辽宁省人口城镇化质量还很低，处于加速发展阶段。因此，未来要想实现"以人为本"的新型城镇化战略，必须将提升人口城镇化质量任务放在首位。从省内最高和最低的间隔距离看，在 2001 年大连人口城镇化质量得分（0.819）最高，丹东人口城镇化质量得分（0.285）最低；2010 年大连人口城镇化质量得分（0.871），朝阳（0.121）最低；2018 年依然是大连和朝阳处于省内处于第一和最后一位。通过以上分析可以看出，辽宁省各市人口城镇化发展质量还存在很大差距，最大值和最小值的差距系数达到 4 倍。从三个时间节点的变化程度看，沈阳和大连两个副省级城市的人口城镇化质量指数均在 0.7 以上，保持稳步上升的态势。营口、本溪、辽阳和盘锦等 4 个地级市略有上升，鞍山、抚顺、丹东、锦州、阜新、朝阳、铁岭、葫芦岛 8 个地级城市变化幅度较小，说明在新型城镇化道路上，由于各种原因导致市内人口的就业和居民生活质量没有显著提高，严重影响城镇化发展质量从整体上提升。

二是辽宁省土地城镇化的总体情况。首先，从表 6-3 中可知，在三个时间节点上辽宁省城镇化土地城镇化质量平均值分别为 0.401、0.410 和 0.404，说明辽宁省城镇化质量总体情况比较稳定，处于加速提升阶段。其次，从土地城镇化指数的间隔距离看，在 2001 年、2010 年和 2018 年三个时点上，大连土地城镇化质量指数分别为 0.803、0.847、0.855，始终处于省内最高水平，2001 年阜新的土地城镇化质量（0.179）最低，2010 年和 2018 年朝阳土地城镇化质量指数分别为 0.204 和 0.145，处于省内最低水平。通过分析可知，辽宁省土地城镇化质量指数的最高值和最低值差距非常大，说明省辖市也存在很大的差距。

6.4.2 辽宁省各市人口与土地城镇化协调耦合类型

首先，从表 6-4 可知，在 2001 年辽宁省人口与土地城镇协调耦合类型中，朝阳市为

人口城镇化与土地城镇化同步型，"两化"出现同步现象，盘锦市土地城镇化质量高于人口城镇化，属于人口城镇化质量滞后型，其余 12 个省辖市都属于土地城镇化滞后型，占到 85%，说明在辽宁省多数城市建设刚刚起步，土地扩展面积较小，尤其是各个城市的城市道路、环境基础设施、公共交通、城市绿化处于相对不足，基本满足城市现有人口的需求，尤其是在 2003 年之后，辽宁省各个城市的非农业人口数量的激增，带动城镇化水平的提升，但是城镇建设质量还较低。

其次，在 2010 年沈阳、大连、锦州、营口、阜新 5 个城市属于人口城镇化滞后型，沈阳、大连属于人口净流入城市，带动城市人口密度在不断增加，但是人均公共资源略显不足，导致人口城镇化质量滞后于土地城镇化。阜新作为资源型城市，面临产业结构转型、下岗工业安置和城市更新等现实问题，基于以上问题，人口城镇化滞后于土地城镇化。营口和锦州位于辽宁省沿海经济带，进城人口数量较多，人口安置需要更多资金，但是人口城镇化质量较低。鞍山、抚顺、本溪、丹东、辽阳、盘锦、铁岭、朝阳、葫芦岛 9 个地级市属于土地滞后型，占到 64%，主要以上城市规模扩展较快，但是城市建设受到资金的限制，城市道路、环境保护设施、公共产品等供给数量少，导致土地城镇化质量较为滞后。

第三，在 2018 年抚顺市属于人口与土地城镇化同步型，但是城镇化质量较低；盘锦市属于土地城镇化滞后型，但是两者之间差距较小。其余 12 个城市都属于人口城镇化滞后型，表明全省城镇建设规模在不断扩大，城市更新和公共产品供应量在不断提升。但是随着城市人口的增加，受到经济发展的影响和职业教育发展滞后的影响，进城人口就业质量差，人口收入水平低，不能长期在城市居住，导致人口城镇化质量滞后。

6.4.3　辽宁省各市人口与土地城镇化协调耦合度时序演变

根据协调耦合度判定标准（表 6-5），将辽宁省人口与土地城镇化协调耦合度的时序变化分为 4 种类型：

一是上升型，包括大连、丹东、阜新。2001 年大连协调耦合度为 0.582，在 2010 年和 2018 年均保持在 0.6 以上，处于全省最高水平；丹东和阜新的耦合协调数始终保持在 0.30～0.39 之内，具有平稳上升的态势；

二是下降型，包括鞍山和朝阳。鞍山协调耦合度始终在濒临失调阶段，协调耦合度呈现下降的态势。2003 年朝阳协调耦合度为 0.338，在 2010 年和 2018 年分别为 0.261 和 0.223，由轻度失调阶段演变为中度失调，说明朝阳人口与土地城镇化两者的非协调发展程度在进一步加重。

三是正 V 形，这种类型属于中间下降型，包括沈阳、抚顺、锦州、盘锦和葫芦岛 5 个城市。在 2001 年沈阳协调耦合度保持在 0.6 以上，处于初级协调阶段。在 2001 年和 2018 年盘锦协调耦合度处于勉强协调阶段，在 2010 年属于濒临失调阶段。说明盘锦人口与土地城镇化协调耦合度处于临近协调发展状态；

四是倒 V 形，包括本溪、营口、辽阳和铁岭 4 个城市。本溪和辽阳耦合协调度系数处于濒临失调发展阶段，2003 年营口协调耦合度为轻度失调阶段，到 2008 年和 2014 年始终保持在濒临失调阶段，情况有所好转，铁岭市耦合协调度始终处于中度失调发展阶段。

辽宁省人口与土地城镇化协调耦合度

表 6-5

城市	2001 年		2010 年		2018 年	
	D	协调耦合类型	D	协调耦合类型	D	协调耦合类型
沈阳	0.660	初级协调	0.616	初级协调	0.622	初级协调
大连	0.581	勉强协调	0.655	初级协调	0.662	初级协调
鞍山	0.466	濒临失调	0.464	濒临失调	0.436	濒临失调
抚顺	0.405	濒临失调	0.401	濒临失调	0.411	濒临失调
本溪	0.409	濒临失调	0.465	濒临失调	0.439	濒临失调
丹东	0.318	轻度失调	0.330	轻度失调	0.398	轻度失调
锦州	0.427	濒临失调	0.402	濒临失调	0.452	濒临失调
营口	0.371	轻度失调	0.482	濒临失调	0.463	濒临失调
阜新	0.321	轻度失调	0.339	轻度失调	0.343	轻度失调
辽阳	0.401	濒临失调	0.458	濒临失调	0.428	濒临失调
盘锦	0.517	勉强协调	0.494	濒临失调	0.508	勉强协调
铁岭	0.358	轻度失调	0.378	轻度失调	0.368	轻度失调
朝阳	0.338	轻度失调	0.261	中度失调	0.223	中度失调
葫芦岛	0.338	轻度失调	0.306	轻度失调	0.330	轻度失调

注：D 代表协调度。

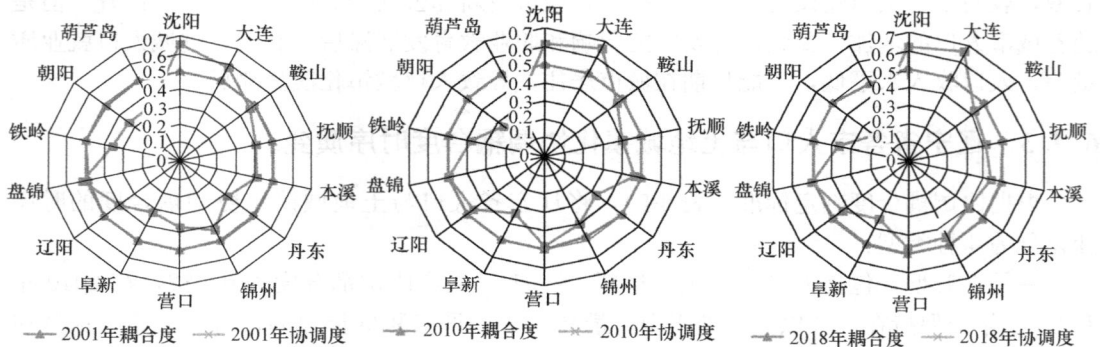

图 6-2 辽宁省各城市协调耦合度雷达图

6.4.4 辽宁省各市人口与土地城镇化协调耦合度空间演变

根据耦合协调耦合度划分标准。在 2001 年沈阳和大连的耦合协调度处于领先水平，南部盘锦处于勉强协调阶段，位于辽宁中南城市群的鞍山、抚顺、本溪、丹东、锦州、辽阳的协调耦合度，处于濒临失调发展阶段。营口、丹东、阜新、朝阳、铁岭和葫芦岛处于中度失调发展状态；在 2010 年和 2018 年沈阳和大连依然处于省内领先水平，辽宁中南部城市群的盘锦、营口、鞍山、辽阳、锦州、抚顺和本溪处于濒临失调阶段。处于外围的朝阳、葫芦岛、铁岭、阜新和丹东处于轻度失调或者中度失调发展状态。通过以上分析可知，在三个时间点上，辽宁省协调耦合度，在空间上具有明显的"核心高—外围低"的空间递减的特征。同时和上文辽宁省城镇化发展质量表现的空间"中部地区高和东西两边低"的空间分异特征基本相似之处。

6.5　本章小结

本章测度辽宁省全省和各城市的人口与土地城镇化协调耦合度，依据划分标准来评价人口与土地城镇化协调耦合度，分析形成机理和时空演变特征。

（1）辽宁省人口与土地城镇化协调耦合方面。首先，在 2001～2018 年辽宁省人口与土地城镇化质量增长趋势比较明显，协调耦合类型是以人口城镇化滞后型为主，经历了重度失调、中度失调、轻度失调、濒临失调等 4 种类型，总体上辽宁省人口与土地城镇化非协调状态较为明显，尚未进入协调发展状态。

（2）辽宁省人口与土地城镇化非协调耦合方面。辽宁省人口与土地城镇化非协调耦合具有明显特征性，呈现出高水平非协调耦合、轻度磨合非协调耦合、中度磨合非协调耦合阶段，形成原因主要受到国家宏观政策、城乡二元户籍政策、产业结构和投资驱动的影响。

（3）辽宁省各城市人口与土地城镇化协调耦合度。首先，辽宁省各城市人口与土地城镇化增长趋势较快，在 2001 年各城市主要以土地城镇化滞后型占据主流，2010 年和 2018 年是土地城镇化滞后型占据主流。其次，辽宁省各城市在三个时段上，协调耦合类型呈现出初级协调、轻度失调、濒临失调、勉强协调等四种类型，在时序上呈现出上升型、下降型、正 V 形、倒 V 形四种类型，在空间呈现出"核心—外围"依次递减的空间分异特征。

第 7 章

国内外城镇化发展的经验启示

在推进新型城镇化进程中，可以充分借鉴国外关于城镇化的发展经验，旨在为我国提升新型城镇化质量提供经验启示。国外以日本、巴西、美国三个国家作为参照对象，国内以江苏和广东两省作为参照，分析以上国家和地区城镇化经验，提炼各自的发展经验启示。

7.1 日本城镇化发展经验借鉴

在欧美发达国家的城镇化是小城镇遍地开花，大中城市相对较少，构建起了主题鲜明的小城镇群是城镇化建设成果的载体，成为欧洲城市发展的一大亮点。相对于国土面积狭小的日本来说，由于开发空间有限，实施高度集约的城镇化发展道路——在有限的空间内快速聚集无限的资源和生产和生活要素，是城镇化发展的主要模式，值得我国城镇化来借鉴。

7.1.1 日本城镇化发展历程

日本的城镇化可以分为四个发展阶段，主要分为初级阶段（1868~1930 年）、停滞阶段（1931~1945 年）、加速发展阶段（1946~1975 年）和稳定发展阶段（1976 年至今）。

首先，城镇化初级阶段。在 1868 年日本实施明治维新以后，直到 1930 年。日本国内兴办工厂的刺激下，大量农村人口不断涌入城市，逐步开启日本国城镇化进程，但是这一时期日本城镇化水平较低，持续到 1930 年日本城镇化水平仅为 24%。

其次，城镇化停滞阶段，这一阶段是日本发动侵略战争时期，在此阶段新兴产业发展带动城镇人口的持续增加，但是受到"二战"的影响，日本很多城市在战争中遭遇空袭迫害，城镇化进程基本处于停滞状态，根据相关报告显示，到 1945 年日本城镇化率仅为 28%。

第三，城镇化加速发展阶段，在此阶段处于朝鲜战争、全球经济复苏和技术革命的背景下。尤其是在"二战"后，日本经济得到了前所未有的快速发展，迎来了日本经济高速发展的黄金时期，人口开始不断向东京、大阪、横滨和名古屋等大城市聚集，带动城镇化水平开始不断提升，到 1955 年日本城镇化水平上升到 56%，到 1975 年城镇化水平上升到 76%，在 20 年提升 20%，说明城镇化增长速度较快，每年以 1% 的速度增长。

第四，城镇化稳定发展阶段，主要是在 1976 年以后日本大东京都市圈人口密度增速逐渐放缓。在此分为两个阶段，第一阶段是从 1976～2000 年，日本进入后工业阶段，第三产业逐渐成为国民经济的主导产业，在服务业的带动下，多数人开始不断向郊区方向发展，出现了逆城市化现象。第二阶段是在 2000 年之后，由于日本国内老年人口开始大量离世和实施"市町村大合并"等行政区划调整政策，导致城镇化水平被动提升。截至 2011 年日本全国城镇化水平已经超过 90％，在亚洲各国中处于领先地位。

7.1.2　日本城镇化发展模式

一是日本工业化作为城镇化第一推动力，大都市圈是日本城镇化高速发展的核心载体，立体的便捷的交通体系和大量的卫星城是日本城镇化的重要支撑。实施这一模式主要利用工业化吸引大量人口来城市就业和生活，带动城市人口不断增加，形成了以东京、名古屋为核心的中部都市和以大阪为核心的近畿都市圈，带动日本国内人口主要聚居在以上三大都市圈。

二是日本依据土地精细集约的发展思路，对日本都市圈进行精细化规划，在快速的工业化进程中，东京、名古屋和大阪三大都市圈逐渐形成，这三大都市圈面积仅日本国土面积的 14.4％，但是人口和国民生产总值占到全国的 50％，由此表明，高度集约的城镇化发展模式带动日本城镇化高质量发展。

三是为了提升和强化大都市圈的带动和辐射效应，日本构建的立体交通网络体系为城镇化进程提供了重要保障。其中机场、高速公路、高速新干线、地铁、电车、水上交通和地下交通，构成了日本陆海空"三位一体"的立体化交通网络体系，便捷的交通促进周边城市快速发展成为卫星城，这些卫星城有效地缓解了大都市的各种生活压力，为城市化发展发挥了巨大的作用。

7.1.3　日本城镇化与中国辽宁省城镇化发展对比

首先，在日本城镇化进程中从起步阶段看，中国辽宁省晚于日本国 30 年，但是日本和辽宁省在起步阶段都引入西方国家的先进技术，聘用国外专家和技术专家来建设工厂，将工业化作为城镇化的第一驱动力。这与清末民初辽宁省以工业化促进城镇化的发展历程极为相似。另外日本与辽宁省都出现了城镇化停止时期，尤其在二战以后，日本工业化发展处于黄金期，利用社会经济的高速发展带动城镇化水平的迅速提升。相比之下，辽宁省城镇化也有两个明显的上升阶段，分别为中华人民共和国成立初期以重工业为主的城镇化快速增长阶段，以及改革开放以后城镇化快速增长阶段，两次工业化进程有效地带动辽宁省城镇化水平的提升。到 2018 年辽宁省城镇化水平达到 68.1％，与日本在 1965 年的城镇化水平基本持平。因此，无论是从进程上，还是速度增长方面看，辽宁省城镇化水平与日本相差大约 50 年左右。

其次，在上文介绍了辽宁省城镇化与日本城镇化发展的相似之处，还有许多不同之处。在城镇化的加速发展阶段，日本城镇化率达到 75％时开始步入缓慢增长阶段，但是从辽宁省城镇化进程看，辽宁省近期城镇化水平虽然没有出现停滞，但是近年开始出现缓慢增长的趋势。尤其是在 2013 年以后，辽宁省城镇化水平平均每年以 0.32％的速度向前推进，明显低于日本城镇化加速发展的每年以 1％的增长速度。主要原因是辽宁省近年经济增长速度明显低于日本 20 世纪 60 年代的两位数的增长速度。

7.1.4　日本城镇化发展的经验启示

一是避免出现城密和乡疏矛盾。在日本快速城镇化进程中，出现的都市"过密化"和乡村"过疏化"，这两大问题影响着城镇化发展，尤其是实施三大都市圈战略以后，日本近50%的人口聚集在三大都市圈，导致地区人口密度过高。如在2010年东京地区平均人口密度为6017人/km²，名古屋市为6785人/km²，高于当年中国北京平均人口密度的1196人/km²。诚然，日本政府在面对过于密集的三大都市圈，开始进行科学管理和有效引导，但是人口过密、住房紧张、交通拥挤、环境污染和公共资源分配不公的问题也层出不穷。与此同时，日本乡村劳动力人数明显不足，带动乡村出现了"空心化"和"高龄化"和文化落后等现象。导致日本出现了乡村严重衰退的现象，这对日本乡村文化的传承与发扬极为不利。目前，日本有90%的人口生活在城市或小城镇，纯粹的田园生活的人口较少，这也给日本国的农产品和粮食自给自足带来严重影响。鉴于日本面对城密和乡疏的发展矛盾，我国在推进城镇化进程中，合理引导乡村人口进入城市，合理控制大城市人口数量，引导农民就地城镇化，保证乡村和农耕文化的传承与保护的持续性显得尤为重要。

二是关注繁荣与泡沫的教训。日本城镇化是在工业化进程驱动下，呈现出的高速城镇化，虽然经济发展出现了空前的繁荣，尤其是房地产行业在城镇化进程中扮演着重要的角色，土地和房产的"神话型"城镇化不断上演。毋庸置疑，大量房地产行业确实推动城镇化不断向前发展，在巨大利益驱动下，日本土地和房产价格出现暴涨，导致房地产泡沫越吹越大，到2000年以后日本房地产泡沫开始破裂，给房地产行业带来了沉痛的打击。在随后10年日本经济开始下滑。鉴于以上分析，我国城镇化进程中房地产市场与日本的经历十分相似，当时日本的房地产是以"硬着陆"的方式来告终，给国内城镇化和其他社会经济活动带来了较大的负面影响。鉴于此，我国在推进新型城镇化进程中，重点是避免房地产过度开发，最终泡沫破碎，须要通过科学引导和有效调控，防止出现摊大饼一样的造城，促进城镇化与房地产行业健康有序发展。

三是实施生态与生产并重。在日本城镇化进程中是以产业支撑为主线的发展模式，除了生产之外，对于生态保护的问题也是相当的重视，主要是以生态为代价为基础的生产是不可持续的，需要付出巨大的生命和经济代价，日本在快速工业化进程中曾经出现过令人震惊的"疯人村、水吴病、痛痛病、哮喘病、核污染"等公共污染事件，是过度产业化和缺乏生态保护意识导致的后果，这种惨痛的代价是无法用经济和金钱来弥补。日本在意识到问题的严重性以后，开始重视环境保护问题，出台《公害基本法》。在此指导下城镇化由粗放型向生态集约型转型。鉴于以上分析，由于日本和中国的国情不同，在实施的城镇化道路方面也不尽相同，无论是日本过度集中城镇化，还是美国自由式城镇化，都值得我国深刻反思。在以往实践中，辽宁省城镇化进程中出现的环境污染和坑口塌陷、大城市病等问题日渐凸显，中小城镇千篇一律，盲目造城等导致城市肆意扩张，亟待探寻切实可行的城镇化道路。

四是实施市场与政府互动机制。日本在推进城镇化进程中将市场机制，但是政府的引导和法制措施也是必不可少的，政府和市场要做好统筹互动，既要调动市场的积极性，又要尊重市场的经济发展规律，又要积极发挥政府的调控性。与此同时，还要划清两者之间的界限，避免走向极端化。尽管日本城镇化面临多项问题，但是政府还是恰如其分发挥了重要的作用，为城镇化的健康发展起到一定的指导作用。相比欧美国家，日本以规划作为先行，以法律作为保障，先后出台《国土综合开发办法》《向农村地区引入工业促进法》《新事业创新促进法》和《三大都市圈发展规划》等系列法律，通过科学规划和正确引导，利用市场机制来促进城镇化进程中资源有效配置。鉴于以上分析，辽宁省在推进城镇化进程中必须厘清市场和政府之间的职能关系，将"市场的归还市场，政府的归还政府"这一主线，充分发挥政府和市场的各自优势，为城镇化进程良性发展做好"保驾护航"，通过完善相应的法律法规，加强科学规划，引导城镇化的健康有序发展。

7.2 巴西城镇化发展的经验借鉴

7.2.1 巴西城镇化发展历程

巴西作为南美洲最大的国家，国土面积达到 851 万 km^2，居世界第五。在 1822 年建立巴西帝国，城镇化大致经历了三个发展阶段，主要是 19 世纪以前的城镇化初级阶段、19 世纪以后的城镇化快速发展阶段，20 世纪城镇化快速发展阶段。

一是 19 世纪以前巴西城镇化的初级阶段。在 16 世纪 30 年代巴西沦为葡萄牙殖民地，在葡萄牙的殖民统治下，巴西经济是以农业出口为基础，最早的城市职能主要承担商品集散，区域空间布局仅是主农作物产区，目的是方便港口装运，同时城市的布局兼具保卫海岸安全的军事功能。因此，葡萄牙殖民者建立城市多数都布局在海岸地带，如巴西地区最早的萨尔瓦多和里约热内卢都分布在海岸地带。到在 17 世纪构建 40 多个城市，都位于从南到北的沿海地带。到了 18 世纪以后，随着巴西经济发展模式的转化，导致城镇化发展开始向新的方向发展，如在米纳斯吉拉斯地区发现的贵金属地区，吸引大量淘金者黑奴涌入此地区淘金，带动巴西开始了城镇化进程。戈亚斯城就是在 18 世纪 20 年代，由圣保罗的淘金者建立起来，该城原名为拉沃阿，直到 1935 年一直是戈亚斯城的省会。此外米纳斯吉拉斯的欧鲁普雷图、马托格罗索州等，以及圣保罗州的坎皮纳斯等都是在 18 世纪初期由矿而兴，不断演化成内地新型城市。

二是 19 世纪以后巴西城镇化发展阶段。首先，在进入 19 世纪以后，葡萄牙王室确定巴西首都，将巴西城镇化带入新的发展阶段。到 1808 年葡萄牙王室迁都到巴西里约热内卢，带动里约热内卢人口数量急剧增加和城市规模快速扩张，带动里约热内卢的基础设施和文化设施数量在迅速增加。另外葡萄牙王室实施巴西港口友好国家的开放政策。以及在 1822 年巴西政治上的独立，进一步带动城市规模的扩张和人口数量的增加。其次，在 19 世纪中叶以后，随着巴西咖啡经济的扩大和国内铁路里程的增加，为巴西城镇化快速发展带来强大的动力，更为城镇化快速推进提供了强大的物资保障。到 19 世纪中叶巴西里约热内卢的巴拉伊河谷地域的咖啡产业得到快速发展，成为巴西地区国民经济的支柱产业，带动种植范围不断扩张，由于咖啡经济的繁荣和旺盛的国外市场需求，带动巴西城市、港口和铁路的建设，尤其是在铁路沿线逐渐形成了更多的特色小镇。在 1832～1896 年间不断兴起的里贝朗普雷图和包鲁等小城就是在此阶段发展起来的，同时在这一阶段，城镇化的发挥的作用已由传统的政治作用向贸易和政治双重职能转化。

三是 20 世纪巴西城镇化的快速发展时代。首先，在 20 世纪 30 年代，随着巴西工业化进程的不断加速，促进了中心城市发展。在 1930 年瓦加斯革命的实施，进一步结束了"牛奶＋咖啡"的农业寡头统治，开启巴西工业化进程，全面实施进口替代发展战略。到 20 世纪 50 年代前半期，巴西以初原材料初级加工为主。到 20 世纪 50 年代后半期，巴西主要是以发展重工业和消费用品工业为主，在替代进口战略的带动下，在 1967～1974 年巴西经济总量年间增长率为 10％，开创了"巴西奇迹"，并初步构建起工业体系。在快速工业化的带动下，带动巴西城镇化水平快速发展，新城市不断产生，如圣保罗和里约热内卢等大中型中心城市对于经济社会的发展起到一定的带动作用，其中在 1907～1919 年期间，工业总产值占到国民生产总值由 15.9％上升到了 31.5％，到 1950 年占到了 55％，尤其是资本产品和耐用产品在工业领域发展以后，圣保罗在经济发展之中的集聚作用在不断增加，始终在巴西工业经济中处于领先地位。此外，巴西国内多数区域的产业在迅速发展，从而为前期殖民时代的沿海城市的现代化水平的提升起到了重要的带动作用。

四是到了 20 世纪 50 年代至 70 年代，巴西国内城镇化进程得到了快速发展，对于城市规模体系的形成具有一定的带动作用。到 1950 年巴西国内总人口中有 36.2％列为城市人口，到 1960 年时达到 44.7％，到 1970 年城镇人口所占比重首次超越乡村人口数量，城镇化水平达到 54％。尤其是在 1950～1960 年之间，巴西城市人口数量从 1880 万人迅速增加到 3150 万人，但是在 1950 年中心城镇仅为 1887 座，到 1960 年增加至 2763 座。但在城市系统中，大中心的增长在迅速增加（表 7-1）。1950～1960 年之间，人口逾 2 万人的城市从 96 座激增至 172 座，所占城市总额 5.1％上升至 6.2％。在 1960 年 31 座城市的人口超过 10 万人，其中 6 座城市人口超过 50 万人，两座人口达到 100 万人。尤其在中西部地区，作为城市化战略重点组成部分，基础设施建设和 20 世纪 60 年代巴西利亚成为新的巴西首都，对于内地城镇化发展起到一定的促进作用。

1950～1960 年巴西城市规模等级（个）　　　　　　　　表 7-1

规模等级	1950 年		1960 年		1970 年		1980 年	
	数量	百分比	数量	百分比	数量	百分比	数量	百分比
＞2 万人	1791	94.91％	2591	93.77％	3649	92.33％	3495	87.57％
2 万～10 万人	85	4.50％	141	5.10％	245	6.20％	401	10.05％
10 万～50 万人	8	0.42％	25	0.90％	49	1.24％	81	2.03％
50 万～100 万人	1	0.05％	4	0.14％	5	0.13％	7	0.18％
＜100 万人	2	0.11％	2	0.07％	4	0.10％	7	0.18％
总数	1887	100％	2763	100％	3952	100％	3991	100％

资料来源：Ana Crisrtina Fernandes, Rovena Negreiros: Economics developmentism and change within the Brazilian urban system. Geoforum, 32（2001）：419-422.

五是在 20 世纪 70 年代中后期，在巴西政府干预下，工业和城市发展的关联性逐渐减少，为了改变巴西工业和城市过度集中在沿海地带，实施各种政策来开发内地的不发达地域，逐渐将圣保罗和其他区域经济连接起来。在 1956 年巴西政府决定在戈亚斯州建设新都，起名为巴西利亚。在 1960 年 4 月正式迁都于此。由此巴西利亚成为世界上唯一在 20 世纪建造起来的首都。通过多项政策促进区域一体化，中西部地区从初期的城市人口分布空白，到 1970 年跃升为 4％，并且人口逾 2 万人的城市增加到 303 座。此时人口超过 100

万人的城市达到 4 座，拥有 50 万人口以上城市达到 9 座，在 10 万～50 万人之间的城市达到 49 座。综上所述，在 20 世纪后期巴西城镇化是以工业化作为第一驱动力，工业化的发展带动城镇化进程，使得工业化与城市化互相促进。在这一阶段巴西城市规模的扩张已不再是传统城市的延伸，而是城市工业生产的中心和重要的经济增长中心，有效地带动了城镇化质量的提升。

7.2.2 巴西城镇化模式与特征

一是巴西"过度"城镇化超越了现实需求。巴西城市诞生源于 16 世纪葡萄牙殖民时代，但是人口城镇化始于 20 世纪初期，直到 1920 年城镇化水平达到 25%，随后用了 70 年的时间，城镇化水平达到 70%。相比欧美等发达国家，城市化是随着农业生产技术的提升，解放出农村剩余劳动力，来参与城市建设和工业生产，属于社会经济发展到一定阶段的必然结果，但是巴西属于发展中国家，农村人口相对过剩，农村剩余劳动力开始涌入城市。因此，巴西的城镇化不是解放生产力高度发达解放出更多的生产力，属于"生出来"的城镇化，由于城市没有给进城农民提供更多的就业岗位，导致一系列的城市问题出现。总之，巴西的城镇化发展和生产力发展不相适应，城市人口激增使巴西出现以城市生态环境恶化和贫困人口增加为特征的城镇化。

二是过度城镇化导致贫民窟的出现。在 1950 年巴西国的城镇化水平仅为 36.2%，到 1980 年达到 67.6%，到 1986 年巴西城镇化水平达到 78%，2000 年达到 81%，远远超过同期世界城镇化平均值 46%。根据相关文献报到可知，尤其是在 1950～1980 年的 30 年内，增加近 30 个百分点，相比欧美等发达国家快了 20 年，尤其是在 1950～1970 年之间，人口城镇化水平增长最快，每年大约以 5% 的增长速度向前推进，乡村人口增长不到 2%。到 1970 年城市人口的增幅开始放缓，但是仍高于 2%，同期乡村人口出现负增长。在快速的城镇化背景下，巴西贫民窟开始不断涌现，在近 20 年内巴西城市贫民窟增长近 118%。目前城市贫民窟中居住人口达到 3500 万人，占全国城市人口的 25%，到 1987 年巴西国内在贫民窟内大概居住着 2500 万人，在 1991 年全国贫民窟达到了 3188 个，到 2000 年为 3905 个，在巴西国内所有大城市都布局着多个贫民窟，城市人口增加最快的城市圣保罗，也是巴西第一大城市。到 1950 年圣保罗仅有 250 万人，到 1980 年增加到 1350 万人。同期巴西第二大城市里约热内卢也由 250 万人上升到 1070 万人。尤以巴西第一大城市圣保罗为甚，是巴西国内贫民窟最多的城市，达到了 1548 个。里约热内卢有 150 万人居住在贫民窟内。综上所述，巴西国内出现贫民窟最大的问题首要原因是人口城镇化速度过快，土地占有严重不平等，出现大量失地农民，城市内部就业机会严重不足，以及城市规划、建房用地和基础设施没有充分考虑低收入人群的要求，导致大量贫民窟的出现。

三是实施被动城镇化大量失业人口的出现。在 1964～1988 年巴西军政府执政期间，巴西经济增长增加趋势明显，国民生产总值每年以 11.4% 的速度递增，主要得益于强迫工业化和过度城镇化，政府将大量资金投资于工业园区和基础设施建设，但是没有注重公共产品中教育、医疗、社区和公共住房建设等项目，实施强迫工业化和强制征用土地等模式，导致城市出现了更多素质低下的失业人口。即使出现了经济奇迹，巴西圣保罗、里约热内卢等大型城市开始不断扩展城市规模，容纳更多流入人口，导致城镇化处于失控状态。如以巴西圣保罗州为例，在 1940～1970 年，圣保罗城市人口增长数量占全国人口增长数量的 50%。到 20 世纪 70 年代，在圣保罗州的人口占巴西全国总人口的 19%，国民生产总值占巴西全国的 39% 和 58% 的工业总产值，而圣保罗州的地域面积仅占巴西的 2.9%。在 20 世纪 80 年代以后，随着巴西经济衰退十年，失业率达到两位数，以及巨额的债务，巴西经济奇迹梦想开始破灭，贫民窟到处出现。

四是在城镇化进程中没有妥善解决贫民窟问题。根据相关报道，巴西为了妥善安排贫民窟人口就业问题，巴西军政府构建工业园区，为企业提供大量经济发展补贴，在 1964 年巴西创建的住房银行和城市规划署，主要负责城市规划，为低收入群体解决住房问题，政府支持和鼓励民营投资部门开发房产事业，但是好景不长，导致住房银行倒闭。即使巴西政府对于解决贫民窟居民就业生活问题是善良的，由于强迫城镇化导致土地私有化，促进贫困人口不断出现，解决失地农民的培训、就业和住房问题，完全超出政府的能力范围。由此说明巴西过度城镇化不仅导致大批农民失地，造成了大量贫民窟的出现，还有出现严重的贫富差距。

7.2.3 巴西城镇化与辽宁省城镇化对比

一是从辽宁省和巴西国两个城镇化主体看，首先，辽宁省在中华人民共和国成立后经历初期快速增长，到 20 世纪 60 年代出现停滞，始终高于国家平均水平，以工业化带动城镇化不断向前发展，吸引大量乡村人口进入城市就业和发展。相比之下，巴西国内由于土地私有化，导致大量农村人口涌入城市，城市人口数量快速增加，导致乡村人口减少，说明巴西城镇化不是生产力解放出的更多农村剩余人口，而是人口快速涌入城镇。说明辽宁省和巴西虽然都是以工业化作为城镇化的第一驱动力，辽宁省人口城镇化尚未出现城市人口快速增长的被动发展。

二是从辽宁省人口安置情况看，辽宁省在中华人民共和国成立以后，吸引大量乡村人口进入城市，主要是城市人口需要就业安置、社区生活保障、就业、医疗等，企业和政府对于城市人口提供了更多福利。在中华人民共和国成立初期直到 20 世纪 90 年代末辽宁省多个城市的棚户区，虽然不像巴西各个城市出现的贫民窟，但是生态环境和居住条件都比较恶劣，鉴于以上情况，政府开始加大投资力度促进全省棚户区改造，给居民提供更多福利，打造宜居、绿色、畅通的新型城市社区。相比之下，巴西各州的贫民窟情况改善不佳，属于虚假城镇化，这给巴西国内和拉美地区社会经济发展和地区稳定带来一定的困扰。

三是从城镇化对于低收入群体安置方面，其一，巴西尚未建立公共政策，主要是进城人口就业问题尚未得到妥善解决，失业率居高不下。其二，巴西城市贫民窟的居住人口都生活最低工资标准以下，低收入群体不能自主建房和获得建房用地，又不能再重回农村，只有非法抢占城市用地和私人土地来搭建临时住房。其三，巴西主要注重中高等教育，在中职教育和师范教育扶持力度相对欠缺，对于低收入阶段子女教育和就业状况极其不利。相比之下，辽宁省在安置城市低收入群体方面，在精准脱贫和城市安抚政策的带动下，妥善城市失业家庭和低保家庭就业，发展廉租房和公租房，以及棚户区改造为低收入群体解决住房问题，创立核心社区问题，对于城市进城务工人员子女的教育问题政府是高度重视。

7.2.4　巴西城镇化对辽宁省城镇化发展的启示

一是准确把握城镇化的内涵，适度控制城镇化速度。巴西是拉美地区发展中国家之一，城镇化水平与西方国家相差无几，步入高度城镇化的行列，但工业化水平和社会经济发展的水平，无法与欧美等发达国家项目相比，说明巴西城镇化、工业化和社会服务质量的提升不相协调。在巴西国内人口过度集中现象比较严重，使巴西国内多个州出现生态环境恶化现象。鉴于以上启示，辽宁省在实施新型城镇化战略过程，必须放缓城镇化速度，重点任务是提升城镇化发展质量，这是漫长和艰难的过程，发展内涵式城镇化。需要我国在新型城镇化进程中加强规划，促进城镇化向绿色环保型、内涵质量型、稳定和谐型转化。

二是控制过度型城镇化，关键是解决城市人口就业。根据巴西城镇化发展特征，将人口转移快速转移到城市非常不科学，关键是解决就业，才能避免出现"虚假城镇化"，只有解决了就业才能稳定社会群体。目前，辽宁省每年向城市转移几十万人，关键是为农民进城创造更多的就业机会，不能复制巴西被动式城镇化和强迫型工业化。只有发展规模适度、速度适中、人口适量的发展模式，重要的是发展劳动密集型产业，充分利用国内循环、国际和国内双循环的发展策略，发展新型绿色环保产业园区，提升服务业质量，促进中小企业和小微企业发展，避免出现城市的贫民窟现状。

三是调整规划思路，重点考虑进城人口的利益。在巴西出现的贫民窟，就是没有充分考虑安居问题，在城市边缘地区占用私有土地自行搭建临建房，贫民窟与富人区形成鲜明对比。因此，为了稳定社会发展，辽宁省在加强城市边缘棚户区改造的同时，还需从城市规划等领域考虑进城人口的住房问题，加强社区管理和公共设施的提供，对外来人口的住房、就学和医疗都一并考虑，让外来人口充分融入城市。

7.3　美国城镇化发展的经验借鉴

7.3.1　美国城镇化发展历程

在美国独立战争以后，首先美国东北部发起了工业革命，地区经济发展显著提升，随后在美国经济向西部地区发展，逐渐向南部的扩张。与经济发展进程相符，美国城镇化也开始东北部向中西部地区扩散，由此城镇化分为几个阶段：

一是美国城镇化起始阶段，主要是在19世纪20～30年代之前，在此阶段美国城镇化进程缓慢，主要是以沿海地带城镇化发展为主，原因是在美国东北部地区发起了工业革命，在繁荣经济、社会发展的同时，有效地提升了城镇化水平。在1790年美国城镇化水平为5%，东部地区为8%。到1830年美国全国城镇化水平为8.8%，东北地区达到14.2%。到1890年以后美国开始了工业革命，随着美国交通的发展，美国大城市的交通网络逐渐发达，城市与城市之间更加便利，在随后的20年内，生活在美国城市的人口上升了5000万人，表明美国的城镇化正式开始于19世纪初期，拖延了一个多世纪，城镇化水平增长缓慢的原因是美国西部具有大量的未开发土地，那片土地吸引了大量的人口。

二是美国城镇化第二个阶段，从19世纪20～30年代到第一次世界大战爆发前，美国人口从市区涌向郊区，主要是以技术水平较高的工业中心先后形成，逐渐向西部转移，到1920年基本实现了城市化，此年城市人口占总人口的比重超过50%。此时城镇化率达到50%。从1920～1960年是美国城镇化完成阶段，到1960年达到了70%。在快速城镇化进程中，尤其是在20世纪初期，美国乡村人口不断涌向城市，居民有着安逸的生活环境和丰富的薪酬，在短暂的闲暇以后，在世界范围出现了两场大型战争，导致人民不断失去工作，多数城市居民开始进入非农村和非城市的地区，开启了美国的郊区化时代。由于许多郊区分布在纽约、长岛和费城，这些地方的生活成本较低，更适合居民生存和家庭生活，到20世纪末期美国郊区人口增加了50%。

第三阶段回归城镇化时代。在21世纪之初美国经济遭遇大的萧条，就是影响全球的次贷危机，使得多家房地产公司破产或者倒闭，许多人开始流离失所。开始重新回归城市生活，在城市寻找新的家园和工作。根据相关数据，目前美国是被公认为城镇化水平最高的国家，已经超过80%，国际城市化率仅为54%。

7.3.2 美国城镇化发展模式与特征

回归美国的城镇化历程以后，作为全球第一大经济体，美国城镇化模式也经历由集中到扩散，再到集约型城镇化发展模式。

首先，在1870年代到1940年代，在经历了第二次科技革命以后，美国城镇化进入快速发展阶段，乡村人口逐渐向大中城市聚集，带动城市规模越来越大，地区型小城市一举跃升为地区性中心城市。如在美国东北部和中西部地区建立起了完整的城市体系，构建五大湖制造业发展带。随着城镇化进程的快速推进，美国多个城市出现了交通拥堵、环境恶化和住房紧张的"城市病"，由于美国土地资源丰富和汽车污染环境税率低，吸引更多城市人口离开城市到郊区居住，构建起了大量的低层建筑和独立式庭院建筑，实施田园生活模式，多数建筑和城市布局都是沿着城市之间的公路沿线，进行低密度蔓延。

其次，到了20世纪70年代，美国郊区人口数量首次超越中心城市人口，同时也超过了非都市区的人口数量，表明美国郊区化发展速度较快，发挥的作用使城市、郊区和乡镇才能联系更加紧密，城乡之间的差距逐渐缩小。但郊区化也带来了一定的弊端，过度郊区化浪费大量耕地，生活成本增加、生态环境恶化、贫富差距扩大等问题层出不穷。

第三，到了20世纪80年代，美国面对城市无限蔓延的趋势，多位学者倡导精明增长的发展理念，强调紧凑式土地利用模式，重视理性增长的精明增长理论，科学规划城市空间，主要任务是保护农业耕地，重新回归城市社区，保持住房的可持续性，提供多种交通方式，这种精明增长可以促进城镇化可持续性。

7.3.3 美国城镇化发展模式与辽宁省城镇化发展对比

一是从城镇化进程和驱动力方面看，美国的五大湖产业带聚集着3/4的制造业，通过近几十年的发展，美国在政策和投资方面进行倾斜，构建现代化工业体系，进一步促进了美国西部和南部的城镇化进程。利用先进科学技术开发的工业产业，一方面为西南部地区创造大量的就业机会和增加地区人口，带动城镇化水平不断提升。相比之下辽宁省在推进城镇化进程中，也是国家投资战略的带动下，在中华人民共和国成立初期国家将大量投资项目落户辽宁省，给辽宁省带来了大量的就业机会，吸引更多人口进入城市安家落户。但是相比美国东北部和中西部的老工业区的出现了郊区化现象，使得工业区由集中走向分散，打破了以往工业过于密集的态势。辽宁省相比加强工业园区规划，呈现了工业园区具有循环发展和产业链条密集等态势。

二是美国郊区化背景的精明增长理论。到1970年美国首次出现郊区人口数量高于中心城市的现象，郊区化已经成为美国一种趋势，多数专家提出精明增长发展，控制"摊大饼"式的无序蔓延模式，降低土地消耗数量，实现生产要素在空间上的高效集约利用。如波特兰市在过去30年内实现"城市增长边界"，充分促进工业复合性和多样性开发，促进各个组团的功能更加完善，解决了郊区公共设施严重不足的问题，带动郊区集商业、休闲、居住、游憩等多种功能于一体。在此比较之下，辽宁省在城市改造和新市镇规划过程中，充分借鉴了"精明增长"理论，注重城市功能多样化的改造。其一在旧城改造和棚户区改造方面，主要集约土地利用，改善人居环境，主要任务促进老旧小区改造，将实施分类指导和综合改造提升，重点对住宅小区、居民楼和附属设施、社会公共服务设施进行综合改造，加强小区环境、养老、医疗、托幼和商业等基础设施的提升与完善。

三是市场主导下的城镇化发展机制。以美国城镇化进程中始终是以市场为主导，政府主导下的运行模式。因此，城镇化的动力机制主要是靠市场机制来驱动，城市建设是在市场化运作下发展起来的。尤其是在19世纪末到1970年代，在快速工业化的背景下，已经对美国西部地区的集中开发，到1970年全国城镇化水平已经达到了70%。随后城镇化进程开始放缓，近期美国城镇化水平已经达到了90%。诚然，美国过度依靠市场来运作城镇化，由于政府在城镇化进程中的调控手段相对薄弱，政府难以对城市规划和发展导向进行有效引导，导致城镇化出现蔓延式和摊大饼式的发展模式，出现了郊区化和土地资源现象严重，带来了一系列社会问题不可小觑。相比之下，辽宁省主要是依靠政府的力量在推动城镇化，运用市场机制带动城镇化水平快速增长的动力略显不足。因此，在新型城镇化进程中，需要依靠市场和政府双重机制来带动城镇化健康有序发展。

7.3.4　美国城镇化对辽宁省城镇化发展的启示

一是不能以浪费土地资源为代价来推进城镇化建设。美国出现郊区化问题，导致土地资源浪费现象为代价。在此背景下，美国郊区化取代了城市经济增长中心，社会经济重心开始向郊区转移。在此背景下，美国开始注重郊区取代城市成为经济发展中心，有效促进城乡协调发展，带动乡村振兴，促进城乡统筹和经济社会一体化，缩小城乡之间的差距，但是郊区化也有付出了巨大的社会代价。因此，辽宁省未来以精明增长理论为基础，合理规划土地资源，保护耕地，加强老旧小区和棚户区改造。在此基础上，促进城乡统筹发展，发展农业现代化水平，缩小城乡之间的差距，将城市的教育、医疗、社区等资源向乡村地区延伸，促进城乡公共资源共享。

二是发展"以人为本"的城镇化。城镇化的主要目标是提升人类幸福感和增加获得感。在研究美国城镇化时不难发现，处处都是坚持以人为本，地方政府和当地居民利用灵活的发展机制，不断建设完美的生活空间，将城市规划领域的公平、效率和价值取向等理念融入生活空间建设之中。在这一理念的指导下，美国城镇化直接结果是"大城市大气磅礴、小城镇富有特色"。相比之下，我国辽宁省在推进城镇化建设中，早期是"以物为本"，将农村人口吸引到城市以后，仅是满足基本生活空间。在改革开放以后，辽宁省按着"以人为本"的发展理念的推进新型城镇化。因此，在新型城镇化进程中必须坚持"以人为本"，主要发展内涵式城镇化，完善城市居住空间，增加生活空间，延伸城市文化空间，逐渐提升城镇化发展质量。

三是坚持市场与政府两者兼顾的带动模式，发展新型城镇化战略。美国是过度市场化引领城镇化建设，但是政府在城市建设的宏观调控中引领效应相对薄弱。而辽宁省城镇化的主要是以政府主导来带动城镇化发展，利用市场化等手段带动城镇化发展的动力相对不足。鉴于此，在推进新型城镇化进程中，建议辽宁省充分利用市场化手段，充分利用社会资本，在城市基础设施建设、社区管理、公共服务、养老设施建设等，在政府的引领下，充分借助市场化手段，来增加和完善城市功能。

7.4　广东省城镇化发展经验借鉴

广东省在我国经济社会发展中属于"排头兵"，特别是粤港澳大湾区迅速崛起，堪称中国城镇化进程中的典范。本书在研究辽宁省城镇化时，以广东省作为参照，分析广东省城镇化进程、城镇化发展模式，与辽宁省进行比较，提出经验启示。

7.4.1　广东城镇化进程研究

一是城镇化起步阶段（1949～1957年）。在1949年广东省全省人口总量为2782万人，其中城镇人口（非农业人口）达到了437万人，占比为15.7%，到1952年广东省总人口达到2910.45万人，城镇人口（非农业人口）达到512万人，城镇化率为17.6%。在我国"一五"时期，国民经济开始加速发展，促进城镇化不断向前发展。到1957年广东省总人口为3301万人，城镇化率达到18%。在这一阶段城镇化率是以非农业人口占总人口的比例来衡量，说明广东省的城镇化保持了稳步上升的趋势。

二是城镇化曲折发展阶段（1958～1957年）。在经历"大跃进"以后，全国兴起了一场声势浩大的大炼钢铁和大办工业的运动，吸引大量农村劳动力开始涌入城市，促进城市人口开始不断增加，尤其是在1958～1960年，全省的城市人口（非农业人口）年均递增为11.8%，在1960年为22%。在经历三年自然灾害以后，国家开始调整经济发展方向，大批项目停建，导致大批职工还乡。到1965年广东全省人口城镇化水平不仅没有增加，城镇化水平降到17.6%。

三是城镇化发展停滞阶段（1966～1978年）。在此阶段爆发了"文革"，在10年的"文革"中，国家经济增长缓慢，导致广东省城镇化进程停滞。到1978年年末户籍总人口为5064万人，其中城镇人口（非农业人口）仅为823万人，城镇化水平仅为16.3%。相比1965年的城镇化水平还降低了1.3%，说明城镇化水平不但没有提升，反而出现停滞或者下降。

四是城镇化稳步提升阶段（1979～1995年）。在改革开放以后，国内提出了解放生产力的思想以后，促进全省乡镇企业和小城镇蓬勃发展，带动广东省城镇化水平稳步推进，城镇化水平也由也有1978年的16.3%上升为1995年的39.3%，年均增长1.35%，高于全国平均水平，成为全国城镇化的发展典范。

五是城镇化加速发展阶段（1996～2010年）。在邓小平南巡以后，广东省全省各地加大招商引资力度，大力发展民营经济。在此阶段广东省城镇化发展水平也由39.3%上升至 66.2%，年均提升 1.72 个百分点。在快速城镇化进程下，广东省城镇数量也开始快速增长，在 1978 年全省仅有 10 个市，地级市为 8 个，县级市和市辖镇达到 142 个。到 2012 年全省地共有 21 个地级市，县级市 23 个，市辖镇达到了 1131 个，城市规模和建成区面积也在不断扩大，在 1985 年全省 17 个城市中的土地面积为 1.64 万 km²，占全省的面积为 7%，全省各个城市的建成区面积为 483km²。到 2010 年广东省 21 个城市的辖区面积为 3.25 万 km²，占全省土地面积的 18.1%，建成区面积达到 3345km²。

六是城镇化缓慢发展阶段（2011 至今）。在我国进入新常态发展阶段以后，国家经济高质量发展的背景下，广东省全省经济增长由高速增长向中速增长，带动城镇化水平开始注重内涵式发展。城镇化率也由 66.2% 上升到 2018 年的 70.7%，年均增长率提升 0.56 个百分点。

7.4.2　广东城镇化发展模式研究

一是城镇化拉动效应明显。广东省在推进城镇化进程中，对于经济持续快速发展具有一定的拉动作用。根据调查显示，在 2013 年广东省人均 GDP 达到了 5.8 万元，相比 2010 年增加 1.3 万元，同比增长了 23.58%。城乡居民收入稳定增加，带动城乡消费能力稳定提升，当年的城镇居民可支配收入达到 33090 元，农民人均纯收入为 11669 元，分别高出全国 22% 和 31%，在此基础上带动城乡人均消费能力增加，带动地区经济发展迅速与城镇化相互促进，形成了良性循环。在此背景下，在 2010 年城市人均居住面积仅为 34.57m²，到 2018 达到 39m²。城市居民家庭恩格尔系数为 36.7%，到 2019 年广东省城镇居民家庭恩格尔系数为 31.2%，广东省全省城镇家庭进入相对富裕水平，全省城镇居民的幸福指数都在不断提升。

二是外资注入带动小城镇城镇化增长趋势比较明显。在改革开放以后广东省得到了外资注入，带动地方经济发展，多数外资企业集中布局在珠三角地区的小城镇，形成了以地方"小城镇"与"小城市"为主导城镇化的特征。在进入 21 世纪以后，广东省在新农村构建起了外企，一方面可以吸引当地劳动力就业，另一方面可以吸引外地人口来此创业和就业。因此，外资的注入加速了农村城市化进程，带动农村景观和农村产业逐渐向城市方向转化。

三是在全省各地形成各具特色的城镇化发展模式。在 20 世纪 90 年代末，随着改革开放取得的经济效益不断显现，但是城镇化发展各具特色，主要包括深圳的"区市合一"模式、东莞的"县—市"模式、番禺的"县—市—区"模式、顺德的"农村推动型"模式，说明广东省各地的城镇化各具特色。如深圳推出的"区市合一"模式，以往区域内经济享受各种经济特区的政策，区外没有，但是深圳突破以往的传统做法，市辖区和经济特区统筹兼顾，促进工业空间布局和城市中心组团进行充分结合，为深圳建立国际性大型城市指明发展方向。

7.4.3　广东城镇化与辽宁城镇化发展对比分析

首先，纵观广东省经济社会发展过程可知，广东省的工业化进程相比辽宁省晚上 30 年，主要是在中华人民共和国成立初期，辽宁省作为"共和国长子"，在国务院的主导下开启了工业化进程，广东省是在改革开放利用外资开启了工业化进程。在改革开放以后辽宁省和广东省都开启了城镇化进程，都没有出现停滞现象，具有比较完整的发展轨迹。说明广东省和辽宁省具有一定的相似之处，都将工业化作为城镇化的驱动力。

其次，广东省作为我国对外开放的窗口，由于毗邻港澳和东南亚地区，有利于吸引外资和先进的科学技术，使得广东省成为全国第一经济大省，联合香港和澳门等世界级城市群。基于此，广东省每年将吸引大量人口来此地就业和生活，为广东省经济发展提供了充足的劳动力，使得多数城市规模不断扩张。相比之下，这与辽宁省多地出现收缩型城市明显的对比，说明辽宁省在未来发展过程中，需要提供更多的就业岗位和提升城镇化效率，稳定更多人口来此居住和生活，不能出现大幅度流出，增加城市发展活力。

第三，在推进城镇化进程中，辽宁省和广东省城镇化水平都始终高于全国平均水平，说明两省的城镇化水平居高不下。近期都出现了缓慢增长发展的态势。在城镇化发展模式方面，广东省在城镇化推进模式方面各地都形成了不同特色的推进模式，如深圳市的"市区合一"模式，形成"自下而上"的推动型城镇化，相比之下，辽宁省在推动城镇化进程中，由于东北地区早期政府一管到底的行政力量，来拉动城镇化进程，形成了"自上而下"的城镇化发展模式。

7.4.4 广东城镇化对辽宁省城镇化的发展启示

首先，辽宁省是以重工业为主，主要是以资源开发、冶金、化工、机械制造等情况。到了 20 世纪 90 年代末期，辽宁省面临资源枯竭和产业结构转型，重工业对劳动力吸纳数量明显下降。受计划经济时代和历史欠账较多，导致辽宁省城市功能较为单一，产业转型较为困难，导致工业化与城镇化没有形成良好的互动关系，进一步阻碍了辽宁省人口城镇化与土地城镇化的协调问题。相比之下，依据广东省城镇化的发展经验，工业化是推动城镇化发展的动力之一，尤其是以劳动密集型产业为主，城市功能较为完善，吸纳更多劳动力来到广东省就业。由此，辽宁省需要不断完善城市功能，增加就业岗位，促进城镇化与工业化的协调发展。

其次，加强规划引领，优化城市布局。广东省联合香港、澳门共同打造粤港澳大湾区和世界级城市群，不断完善广、佛、肇＋清远市、云浮市、韶光市，深、莞、惠＋河源市、汕尾市，珠、中、江＋阳江市等三大都市区。在推进新型城镇化道路上，以构建粤港澳大湾区为指引，利用广州、深圳等中心城市的辐射带动作用，有序向周边和沿线城市纾解非核心城市职能。重点利用县城的聚集能力，加强产城融合，促进园区建设与县城有效衔接。提升中心建制镇的服务功能和增加特色小城镇的规划建设等方面入手，注重发展特色小城镇。经过以上分析，辽宁省在新型城镇化道路上，重点是以沈阳和大连为核心，加强沈抚同城化等一体化建设，与县域城市加强联系，发展特色小城镇，构建群—市—县—镇层级分明和衔接有序的城市发展格局。

7.5　江苏省城镇化发展经验借鉴

江苏省作为在我国东部经济发达省份，城镇化水平稳步推进，尤其进入 20 世纪 90 年代以后，全省每年有 200 万乡村人口转化为城市人口，城镇化的进程和规模达到了空前未有的地步。目前，江苏省的城镇化率已经超过 50%，城镇化正向成熟阶段推进。

7.5.1　江苏省城镇化进程研究

一是城镇化起步阶段（1949～1957年）。江苏省在人口城镇化起步阶段，城镇人口由1949年的435万人增加到1957年的782万人，年均增加7.6%。在1949年城镇化率为12.4%，到1957年城镇人口增加到了18.7%，城镇化水平提升了6.3%，每年平均上升0.79%。

二是城镇化波动阶段（1958～1978年）。此阶段是我国经历大跃进和"文革"等一系列历史事件，导致江苏省城镇化进程也经历了先升后降发展历程。在1958年全省城镇化水平为19.5%，到1960年全省城镇化水平为20.62%，在1961年以后城镇人口数量逐渐降低，1970年城镇人口数量降至最低，城镇化率为12.5%，相当于1949年的发展水平。随后城镇化水平缓慢增加，1978年城镇化水平为13.37%。在此20年间全省城镇化减少28万人，城镇化水平下降5.8%。

三是城镇化稳定阶段（1979～1989年）。改革开放以后，在1979年江苏省建制镇仅为115个，到1989年增加到392个，城镇人口数量为874万人，数量上增长了56.1%。城镇化率上升了6.1%，年均增长到0.61%。说明全省城镇化呈现出稳步的发展态势。

四是城镇化加速发展阶段（1990～1997年）。在此期间全省省辖市由11个增加到13个，县级市也由17个，增加到31个，城镇人口总数增长为46.2%，年均增长率达到5.58%。城镇化率也由21%上升到29%，增加8.29%，年均增加了1.2%，说明江苏省城镇化加速发展阶段。

五是城镇化高速发展阶段（1998～2005年）。在1995年江苏省城镇人口总数为2262万人，到2005年增加到3774万人，年均增加216.02万人，增长幅度达到66.84%，年均增长7.59个百分点，城镇化水平也由31.5%上升到50.5%，增加了19%，年均增加2.71%，呈现出快速发展的态势。

六是城镇化缓慢发展阶段（2006年至今）。在我国进入21世纪以后，江苏省城镇化进程开始不断放缓，城镇化进程逐渐由高速增长转变为中高速增长。在2006年全省城镇化率为50.9%，到2019年达到70.6%，增加近20%，每年以1%左右速度向前推进，说明江苏省不再追求城镇化发展速度，注重城镇化发展质量。

7.5.2　江苏省城镇化发展模式与特征

根据江苏省城镇化发展经验可知，在推进新型城镇化进程中，主要是政府主导型和农村自发型来推进城镇化发展，带动城镇化水平不断提升。

一是政府主导下的城镇化。江苏省实施新型城镇化道路，政府自主指定目标，按着科学规划和合理安置的推进思路，对于工业、商用、居住等土地利用，在整体上进行统一规划，根据现实需求逐渐拓展城市规模，从城乡接合部开始，对乡村地域统一拆迁，促进城乡一体化水平。

二是农民主导型城镇化。随着江苏省乡村生产力水平的提升，可以解放出更多劳动剩余人口进入城市参与生产，来获得更多经济收入。同时为了顺应生产力发展需要，在政府的主导下，江苏省以村为单位，对村民集中居住地实施集约化的规划观念，加强村域面积拓展与整合，培育村集体经济，带动城镇化水平不断向前发展。

三是地方企业带动苏南地区乡村城市化。在 20 世纪 50 年代末期，江苏省苏南地区借助交通区位优势和传统的产业优势，在乡村作坊式的乡镇企业带动下，实施"离土不离乡、进厂不进城"和"以工建镇"的乡村城镇化模式，有效地带动农民就地城镇化，促进多个小城镇迅速发展。到 1983 年苏南地区的小城镇达到 34 个，到 1992 年上升到 300 多个，形成了近万家乡镇企业。在此带动下，苏南地区形成了"一村一品"的产业化格局，是"自上而下"的城镇化模式带动乡村城市化发展，实现了城乡统筹的快速发展。

7.5.3　江苏省城镇化与辽宁省城镇化对比

首先，在改革开放以后，江苏大力推进城镇化进程，按着城镇化发展阶段划分，主要分为政府主导型和乡镇企业带动型，驱动小城镇快速发展，带动江苏省城镇化发展水平快于辽宁省城镇化发展进程。在 1990 年辽宁省城镇化水平已经达到 50.8%，高于江苏省 29.26%，到 2016 年江苏省城镇化水平明显超过辽宁省，在此期间江苏省城镇化率年均增长 1.77 个百分点，明显高于辽宁省城镇化年均增长 0.64%。由此说明辽宁省城镇化动力严重不足。

其次，在推进乡镇城市化进程中，经过多年实践形成"苏南模式"，主要是依靠乡镇企业带动小城镇数量增加和规模不断扩大，促进居民实现就地城镇化。鉴于以上分析，辽宁省作为我国东北地区经济大省，但是国有企业中重工业和大型国有企业占有较大份额，而辽宁省乡镇企业发展比较落后，县域城镇化进程十分缓慢，城乡二元矛盾较为突出。鉴于此，辽宁省应该根据自身优势，借鉴苏南地区模式，以国有企业为主体，乡镇企业为补充，扶持具有潜力大的乡镇企业，带动乡镇经济快速发展，增加乡村人口收入，最终实现就地城镇化，提升城镇化发展质量。

7.5.4　江苏省城镇化对辽宁省城镇化发展的经验启示

江苏省乡镇企业带动就地城镇化模式，一方面是带动人口聚集和小城镇快速发展的局面，另一方面吸引本地和周边地区来此就业，吸引就地城镇化发展战略，利用乡村剩余劳动力直接进入城市的居民。此外，江苏省实施"以工建镇"，带动乡村城市化进程，带动小城镇化快速发展。

首先，在此背景下辽宁省近期在实施城镇化进程中，由人口流向和变动数量可知，辽宁省流出人数较多，在推进新型城镇化道路上，留住更多人口进入城市生活，控制人口流出，或者实施就地城镇化，一方面是提振县域经济，抓好园区建设，促进农村人口就地城镇化，另一方面建好农产品加工聚集区、农产品深加工区，带动农村劳动力不断向城镇和工业园区转移，继续抓好"一县一业"发展，着力达到 2 至 3 个拥有百亿级甚至千亿级的特色乡镇，辐射带动其他乡镇发展。

其次，与江苏省相比，辽宁省乡镇企业没有形成像"苏南模式"一样的特色城镇，未来在规划建设过程中，突出辽宁省地域特色，利用现有辽宁省人文要素、生态环境优美、多种功能叠加的乡村地域，促进城乡统筹发展。建议在未来新型城镇化道路上，主要发展旅游型、历史文化型、民族特色型、现代农业型、生态宜居型特色乡村，实现居民就地城镇化。

7.6　本章小结

本章主要分析了国内外城镇化发展经验启示，讨论了日本、美国、巴西等国家的城镇化发展进程和经验启示，学习了广东省和江苏省城镇化发展经验启示。

（1）国外城镇化发展经验。日本属于典型的集约型城镇化发展模式，在推进城镇化进程中以三大都市圈为核心，重点任务是加强土地利用，实现集约化管理。巴西属于过度型人口城镇化，出现了"贫民窟"现象，没有解决好进城人口的就业和生活问题，给社会发展带来较多问题。美国在工业化的带动下，促进城镇化不断向前发展，由于城市交通拥堵和生态环境恶化，市民利用先进的交通条件，逐渐向郊区化发展，严重浪费土地，提出精明增长理论，控制和节约土地。通过以上三种模式，必须充分考虑控制人口模式，合理规划用地，促进人口城镇化与土地城镇化协调发展，才是促进城镇化可持续发展的关键。

（2）国内城镇化发展经验启示方面。广东省作为我国城镇化发展的排头兵，利用外资发展外向型经济，吸引更多人口来此就业和生存，由此带动人口城镇化水平的提升。利用建设粤港澳大湾区的各种优势，构建市、县、镇衔接紧密的城镇体系。江苏利用乡镇企业发展，带动居民就业，形成了就地城镇化模式，带动多个小城镇不断兴起。辽宁省城镇化带来两方面启示，一方面是加强外资经济发展工业化，稳定当地人口，实现就地城镇化战略，另一方面建设有特色的小城镇，发展地方经济，打造内涵式城镇化。

第8章

新形势下辽宁省城镇化发展道路研究

在经济发展的新常态下，辽宁省作为老工业基地，新型城镇化已经成为促进经济社会发展的主要动力。结合辽宁省城镇化进程中存在的问题，依据城镇化发展质量和耦合协调度的测度结果，为辽宁省新型城镇化提出发展目标、基本原则、调控策略与手段，旨在为人口城镇化与土地城镇化协调发展。

8.1 辽宁省新型城镇化发展总体要求

8.1.1 辽宁省新型城镇化发展的总体要求

首先，在党的十九大会议召开以后，落实习近平总书记关于东北地区、辽宁省振兴发展重要指示和批示精神，贯彻落实习近平总书记和李克强总理在中央城镇化工作会议上的讲话精神，以党中央、国务院作出促进东北地区振兴发展的重大决策部署为契机，坚持以人为本，以提高城镇化发展质量为重点，以调整产业结构为基础，以改革创新为动力，加强体制机制创新。认真落实《中共中央、国务院关于支持东北地区深化改革创新和推动高质量发展的意见》，坚持稳中求进的总基调，紧紧围绕统筹推进"五位一体"的总体布局和协调推进"四个全面"的战略布局，推进乡村振兴战略和新型城镇化战略。

其次，在新型城镇化道路上，核心思想是坚持"以人为本"。在推进农村人口向城镇转移的过程中，必须将"人"的问题放在第一位，把增加居民的生活水平放在第一位，不断满足居民的日益增长的物质和文化需求，增强居民的幸福感。根据《辽宁省人口发展规划（2016～2030年）》，到2030年全省常住人口城镇化水平将会达到75%，城乡居民生活质量逐步提升，安顿好棚户区和城中村中300万人的住房问题，实现300万新增人口城镇化战略，重点是提升人口素质和生活质量，实现人的现代化、城市和乡村的现代化，缩小城乡区域发展和居民生活水平差距为主要目标，重点是以供给侧改革和完善城乡治理体系，以及治理能力的现代化为抓手，为辽宁省城镇化高质量发展提供有力支撑，构建出一条以人为本、集约节约、绿色低碳、城乡统筹、惠及民生的新型、高效、绿色、协调发展的城镇化道路。

8.1.2 辽宁省新型城镇化的发展目标

一是绿色城市发展导向。在新型城镇化道路上，城市绿化水平关乎居民的生活质量和城市可持续发展。在我国新型城镇化进程中，促进生态质量的改善、建立生态城市和生态社区，进一步促进资源节约和环境的保护，为居民创造宜人的生存环境。辽宁省将以绿色城市建设为主题，在新市镇和棚户区建设的项目上，以绿色、低碳、环保为指导思想，建立绿色城市评价指标体系和衡量标准，在全省实现绿色发展、低碳发展和可持续发展的战略目标。

二是智慧城市发展导向。智慧城市将信息技术手段运用到城市发展、服务和管理过程之中，让政府、市民、企业多方参与，对城市的各类资源进行科学合理的分配，促进城市低碳和绿色发展，进一步提升居民的生活品质。辽宁省以大连、沈阳和营口为龙头，加速新型网络宽带化，构建结构合理、技术先进、智能发展和安全的云计算体系，提升城市信息管理手段，促进城市的交通、电网、水务、楼宇建筑等项目实现智能化。在居民的公共医疗、教育、社会保障等方面实现智能便捷化服务。借助辽宁省软件信息发展的优势，重点培育云计算等大数据等新兴产业，加快全省的智慧城市建设步伐。

三是人文城市发展导向。人文城市主要是注重历史文化底蕴的传承与保护，属于城市精神的生存，重点体现在人文化、艺术化、自然化等因素成为城市的显性形态。建立人文城市需要各种文化知识的积淀和历史文化的不断继承与拓展。在未来城镇化道路上，需要深入挖掘历史文化资源，依托古代和近代的清代文化、辽金文化、关东文化、移民文化等历史文化资源，传承和保护工业文化、二人转文化、东北农村文化、海洋文化等地域文化。借助以上文化资源，发展具有地域特色的人文城市。

8.1.3　辽宁省城镇化发展基本趋势

一是城镇化发展质量逐步提升。第一，在坚持"以人为本"的原则下，城市管理水平和城乡建设用地效率全面提升，省内教育、医疗、社区、文化等基础设施将会更加完善，增加居民生活便利性；第二，鉴于城乡污染和生态破坏的严峻形势，在"十四五"期间重点发展绿色经济和低碳经济，为城乡居民打造宜居环境；第三，城镇综合承载力将会进一步增强，资源型城市继续进行棚户区改造，改善城市道路交通和城市水管网现实问题，污水处理设施能力将会进一步增强。第四，城市功能将会逐渐向农村延伸，促进城乡统筹发展，农村的污水、垃圾、畜禽粪便利用循环经济手段，将会逐渐得到好转。普及农村生态厕所，农村危房和土路将逐步得到改善。将全省建设成为设施完备、环境整洁和生态优美的社会主义新农村。第五，到2020年辽宁省内完成100万户的棚户区和农村危房改造工程，地下综合管网达到800km，推进海绵城市建设力度，在条件成熟的城市推进地铁和轻轨的交通设施建设，全省城市轨道交通运营里程将达到300km以上。第六，农村基础建设方面将会推进100个宜居示范乡，加速村庄道路硬化、垃圾收运设施，让农村人口与城镇居民一样享受同样的基本公共服务，实现城乡一体化。

二是城市形态与结构将会更加优化。以沈阳经济区和辽宁沿海经济带的两大国家级战略为重点，省内"一群、一带、一轴"将会更加完善。首先，以省会城市沈阳为核心，建设辽宁中部城市群，与周边的鞍山、抚顺、营口、阜新、辽阳和铁岭形成无缝对接的城市共同体。到2030年沈抚同城化、沈铁一体化、沈本一体化、鞍辽一体化逐步实现，形成综合实力较强的我国第五大城市群；其次，在"一带"建设方面，以大连的东北亚国际航运中心为核心，与营口联合形成大连—营口主轴，以丹东、锦州、葫芦岛为两翼，推进营口港、锦州港、丹东港和葫芦岛港对外集疏运业务，统筹建设金普新区、锦葫新区等重点产业园区和新市镇的建设；第三，在落实国家发展战略的基础上，沈阳—大连城镇体系将会逐渐完善，发挥沈阳和大连两大中心城市的带动和辐射作用，促进沿海地区与吉林、黑龙江和蒙东地区的经济互动，以辽宁沿海经济带为主体，与长春和哈尔滨联合，形成我国面向东北亚地区开放的重要增长极。

三是大中小城镇协调发展的局面逐步形成。辽宁省在以往的经济发展中，小城镇成为发展的弱势群体，在新型城镇化道路上，逐步改善县镇的薄弱环节，建立大中小城镇协调发展的局面。未来要在省内发展重点县城，增加县域经济实力，进一步提升农村人口的吸纳能力。增强重点城镇和特色城镇的建设力度。在新型城镇化道路上，对具有地方特色和民族特色的小城镇，建设成新市镇和新城区，充分挖掘自然资源和文化资源，形成 100 个重点城镇和特色城镇，逐步缩小区域之间的城乡差距，提升城镇化发展质量。

四是产城融合得到进一步提升。在新型城镇化道路上，促进"产城融合"是核心内容，以推进新型工业化和现代服务业为基本动力。首先，辽宁省以高端装备制造业、信息产业、生物医药为主导产业，将部分产业由大城市向中小城市扩散，进一步发展工业园区，建立产业集群，带动新市镇和高新技术开发区的建设进度。其次，大力发展现代服务业，未来沈阳和大连的现代服务集聚区基本形成，省内中小城市的现代化服务业也会进一步发展壮大，重点以金融与保险、物流、旅游与餐饮等现代服务业为基础，文化创意产业和城市家政服务行业也会逐步壮大，为城镇新增人口提供更多就业岗位，增加新增人口的收入水平。第三，在统筹城乡发展的基础上，大力发展现代农业，土地流转规模将会进一步加大。新农村的产业合作社和农村龙头企业将逐步形成，促进农业生产向规模化、产业化和生态化方向发展。

五是城乡生态环境将会得到进一步改善。首先，在绿色城市发展的基础上，辽宁省在未来城镇化道路上，继续推进青山、蓝天和碧水工程，实现城镇与自然环境和谐共生，省内的自然保护区、风景名胜区、历史文化街区、地质公园、动植物园等自然与人文资源得到进一步保护。其次，在建设新市镇的过程中，实现生态化的城镇组团，加强城镇绿色全覆盖，建成区绿化覆盖面积进一步得到提升。

8.1.4 辽宁省新型城镇化的实施原则

一是坚持"以人为本"的推进新型城镇化。在党的十九大报告指出，当前我国的主要矛盾转化为以解决人民日益增长的美好生活与不平衡不充分发展之间的矛盾。在全国新型城镇化战略中，坚持"以人为本"是推进新型城镇化的第一原则，满足人民群众对美好生活的期望的增加，为广大群众提供更加务实、更加合理、高质量的城镇化发展效果。鉴于此，建议辽宁省在"十四五"期间，在"以人为本"的新型城镇化背景下，推进"五位一体"的现代化、城镇空间格局全面协调的现代化，人与自然和谐共生的现代化，为构建新型城镇化发展高质量发展提供更多支持。

二是坚持"生态优先"的原则推进新型城镇化。在研究人口城镇化与土地城镇化耦合协调发展过程中，是以人地关系理论作为指导，在面对强大的东北地区强大的人口、资源、环境非协调状态的多重压力下，推进新型城镇化，不失为一条改善城乡生态环境的有效手段。秉持"绿水青山就是金山银山"的发展理念，处理好辽宁东南部生态保护区、省内河流和近海水域，以及辽宁省西北部的山地等城市开发和生态保护的关系，从眼前与长远、局部与整体、效率与公平、分割与整合的生态关系。实施生产高效循环、生活幸福、绿色低碳的城镇化发展模式。

三是坚持"文化传承"的原则推进新型城镇化。城镇化的推进涉及乡土传统文化的气息，还要集成城市优秀文化的发扬。由于城乡之间大拆大建，导致乡土文化失传。因此，辽宁省需要采取有力措施扭转文化遗产保护和继承的局面，破解保护与发展的难题，需要塑造特色城镇文化，建立传统优秀文化的传承体系，保护具有浓郁特色的东北农耕文化、工业建设文化，以及各类文化遗产和自然生态景观，对具有历史记忆、地域特色、人文气息浓郁的古镇和古村落要加以保护。延续历史文脉和加强文化自信，为实现中华民族伟大复兴凝聚更多力量。

8.2　辽宁省新型城镇化的布局优化路径

8.2.1　构建一群、一带、一轴的城镇空间布局

在推进辽宁省新型城镇化进程中，按照"一群、一带、一轴"的城镇空间布局，其中"一群"为辽中南城市群；"一带"为辽宁沿海城镇带；"一轴"为沈—大城镇轴带，逐步构建起以辽中城市群为主体，以都市圈为带动，以重点县城为突破口，以节点城市和特色城镇为补充，以交通基础网络设施和生态网络为依托的结构优化、等级分明、科学协调的新型城镇化发展格局。

一是建设辽中南城市群，增强地域带动能力。在世界城市群建设过程中，城市群是经过城市的不断整合和发展才能构建起来的城市发展带。辽中南城市群是我国工业化和城镇化进程较早的地区，属于我国环渤海地区重要的增长极，更是我国东北老工业基地的对外开放的门户地域。通过空间优化整合和产业分工合作、基础设施共享、生态环境共治、港口资源要素整合和共享，加速新型城镇化带动城镇群和都市区一体化的发展。（1）沈阳都市圈，辽宁省沈阳都市圈是以沈阳为核心，联合周边的抚顺市、本溪市、铁岭市为核心区，构建起以沈抚、沈本、沈铁为一体的城际交通带为骨架的沈阳都市圈。加强推进沈抚新区建设成为"一带一路"建设面向东北亚地区开放的窗口地带、国家级同城化试验区、东北老工业基地改革创新的先导区和示范区，以及辽宁省新一轮振兴发展的增长极，重点任务是加强城际轨道建设和旅游资源一体化的建设速度。最后是建设凡河、新城子、新台子、蒲河等新城和新镇，完善公共交通体系，推进沈铁"城际快速公交"的建设，构建高速铁路和公路、城市轻轨和航空港的立体化和多层次的交往，构建大型沈阳经济圈；（2）大连都市区，主要是由主城区、金普新区、瓦房店、庄河为核心组成大连都市区。在大连主城区实施"退二进三、产业转移、功能外迁"等项目，主城区实施人口疏散、产业用地优化、功能布局调整等，实现高端服务职能。金普新区主要承接主城区产业转移，通过产业先行、以产业发展带动城镇化进程，达到"产城融合"的主要目标，成为大连现代生产职能的新增长极和面向东北亚地区开放合作的战略高地；（3）鞍辽都市区，主要是以鞍山和辽阳为核心，构建鞍山和辽阳都市区，实现鞍山和辽阳的空间协调和都市功能合理对接，共建共享重大基础设施，建立生态环境协同治理机制，实现空间规划、基础设施和

生态环境一体化；（4）营盘都市区，主要是以营口和盘锦为核心，建设成为营盘都市区，加强和完善城市内部交通体系，尤其是加强港口系统和海陆交通走廊建设，提升辽东湾新区和营口老城区等河口型城市建设水平，提升重点生态功能区的联合保护力度。

二是打造沿海城镇带。首先，在辽宁省沿海经济带，以辽宁自贸区和金普新区为新增长极，构建自由贸易引擎，以港口整合为契机，加快建设服务辽宁、辐射东北、影响东北亚的"港口经济圈"，设立沿海新旧动能转换综合试验区。其次，在沿海城市之间，构建东北亚地区合作的中心枢纽和产业结构的优化先导区，重点是以大连为核心的城镇带，构建东北振兴的重要增长极。不断壮大渤海翼和黄海翼的"两翼"的城镇带。（1）锦葫都市区，整合锦州和葫芦岛港区，建设锦葫都市区，加强朝阳和周边省份之间交通线路建设，促进沿海和腹地互动发展；（2）丹东都市区，在开发黄海城镇带，壮大丹东市口岸经济，促进丹东与东港的一体化，建设丹东都市区、推进保税港区、跨境经济合作区建设，将庄河作为重要经济试点区，整合庄河、长海等沿海、海洋地区，建设国家海洋经济示范区、国际旅游岛，培育皮杨经济区、花园口经济区。

三是构建是沈大城镇轴。在沈阳到大连之间的交通轴线周边地带，是全国主体功能区划中的两大轴，主要沿海轴和京哈、京广轴的交汇段，有效力地促进东北亚和具有较强竞争力的城市发展轴和产业聚集带。完善辽宁省境内沈大经济走廊的各项基础设施，积极推进沈阳港建设进程，借助沈阳公路、铁路网络和沈阳桃仙国际机场，打造集海运、公路、铁路、航空等多种运输业态为一体的多式联运物流服务平台。举全省之力提升沈阳经济区的开发水平，吸引东北地区的人口和产业进一步向沈阳发展轴聚集，建设成为东北最重要产业聚集带，带动东北地区的发展和对方开放。

8.2.2 提升辽宁省中心城市的核心竞争力

为了适应"一带一路"的国家战略和推进新型城镇化进程，以及顺应经济发展和产业改革发展的新要求，促进要素合理流动和高效聚集，增加沈阳和大连中心城市的核心竞争力，实现经济发展和城镇化的高质量发展。

（1）支持沈阳建设国家中心城市。沈阳作为国家特大型城市，是东北地区经济、文化、科技和创新的重要聚集地，已经具备建设国家中心城市的多项优势。首先，建设东北创新中心，增强区域协同创新能力，积极促进沈大国际自主创新示范区的沈阳片区、中国（辽宁）自由贸易试验区沈阳片区的改革，推广成功经验；其次，培养一批具有自主知识产权的创新型企业，构建一批产业技术创新战略联盟，构建起一批技术创新服务平台，利用国家政策建立一批国家重点实验室和国家级研发中心和企业技术中心，进一步推广科研成果。立足沈阳军工企业集中的基础，努力在军民融合上取得新进展，培育创新共同体；第三，构建区域金融中心，加强金融对地区产业发展的支撑作用，为企业发展提供融资支撑，发展完善资本市场和要素市场，健全金融组织体系，完善风险防控和化解机制，提升金融布局和基础设施建设水平，优化金融发展的生态环境；第四，打造东北亚物流中心，提升区域生产性服务业质量，主要利用沈阳地处东北亚地理中心和东北亚经济圈和环渤海经济圈战略节点，立足沈阳经济区海陆空交通区位优势，构建国际物流通道，以沈阳港为龙头，连接鞍山西柳国际物流园、抚顺石化物流园区、本溪辽宁天力士物流港、辽阳佟二堡皮草交易市场等物流节点，聚合五市物流优质资源，借助五市物流整合优势，构建起辐射东北亚地区的"6+1+N"的现代物流体系。

（2）支持大连建设东北亚国家航运中心。首先，大连市作为沿海开放城市、港口和风景旅游城市，以航运、金融、贸易、旅游为一体化，重点是发展软件、电子信息、临海装备和造船业为主导产业。加快建设成为我国面向东北亚区域开放合作的战略高地，打造东北亚国际航运中心、国际贸易中心、国际物流中心、区域性金融中心和现代产业聚集区。其次，以金普新区和中国（辽宁）自由贸易区大连片区为新增长极，打造面向东北亚地区开放合作的战略高地，以大连市区为中心，完善瓦房店、庄河、长海等城区功能；第三，加快港口资源整合，尽快组建辽宁省港口集团，重点是发展临港发产业，建设长兴岛、花园口、太平湾、皮杨、北黄海等新的临港区，加强推进东北亚国际航运中心和国际物流中心建设步伐。

8.2.3 着力补齐县域和乡镇发展的短板

（1）加快县域融入辽中南城市群。县域经济已经成为辽宁省多地的薄弱环节，在推进新型城镇化进程中，将县城作为优化辽中南城市群规划等级结构的发展导向，发挥县（市）作为中心城市空间连接作用和功能传导的效应。借助轨道交通和高速公路等基础设施建设的时机和"一园一区"建设，大力促进辽宁省大中城市的产业向县域和主要乡镇转移，完善公共服务设施，增强对乡村转移人口的吸纳能力，主动融入都市区和城市群。在此基础上加快辽宁省的昌图县、海城市、瓦房店市、庄河市等重点县（市）的城市建设步伐。

（2）利用"飞地经济"促进跨区域合作。首先，飞地经济是区域经济的发展模式，落实飞地经济有利于跨区域合作，在合理范围内允许园区实现跨省域之间开展飞地经济；其次，在辽宁省内利用乡镇飞地经济模式，构建利益分享机制，调动乡镇抓项目和促发展的积极性，为全省乡镇的发展找到突破口，着力解决乡镇企业有资源和无产业、有项目和无土地、有人力和无技术等多种问题，提升乡镇飞地经济质量。

8.2.4 发展小城镇经济，促进特色城镇升级

（1）加强规划引领和合理规划空间布局。首先，辽宁省在推进城镇化进程中，由于小城镇规划的缺失和规划不力等问题，影响了小城镇高质量建设的步伐。在此需要因地制宜，依据新型城镇化和振动乡村振兴发展的总体要求，科学编制特色小城镇的规划。其次，突出规划引领作用，对小城镇定位、空间布局、建筑风貌和功能优化等要素，进行有效引导和科学规划。第三，小城镇的建设需要控制规模和集约利用国土资源，将特色小城镇控制在 $3km^2$ 之内，其中建设用地控制在 $1km^2$ 之内。旅游、体育和农业类特色小镇可适当放宽。特色小城镇要严格控制用地规划，鼓励优先开发低丘缓坡、荒地、废地资源和存量建设用地，进一步盘活闲置用地和低效用地，尽量促进连片提升和完善现有建设区，避免另起炉灶和大拆大建，实现土地高效利用。第四，考虑小城镇吸纳就业和常住人口的规模，严格控制污染行业和污染企业进入，严格控制住宅用地配给比例，防止过度商业化和房产地化。

（2）坚持特色发展和培育特色产业。坚持"以产立镇、以产带镇、以产兴镇"的发展思路，依据乡镇资源禀赋和产业优势，深入挖掘乡镇最有潜力和最有前景的行业，开发出

独特的产业生态，突出"一镇一业"，以特色产业为核心，兼顾特色文化、功能和建筑等，注重特色文化建立，防止内容重复和形式雷同等，促进全省特色小城镇高质量发展。

（3）突出特色小镇文化内涵。首先，挖掘地域文化和文化特色是构建特色小城镇的灵魂和主线，高水平、大手笔地开展特色小城镇的整体规划和形象设计，规划内容是以山水环境为基底，以自然最美和保护特色景观资源为宗旨，将好山、好水、好风光融入特色小城镇；其次，尊重原有街区肌理，控制建设高度、密度和体量，倡导小尺度街坊式布局，彰显地方特色，营造整体风貌格局，形成"一镇一风格"，避免"千镇一面"的不利局面，着力打造"高颜值"和"高质量"的小城镇；最后，注重对特色小城镇历史文化的保护与利用，继承特色小镇的传统格局和风貌，对历史街区与文化古迹进行保护、维修、整治与修缮。

8.3 辽宁省城镇化高质量发展的实现路径

8.3.1 激活城镇化发展的内生动力

（1）在推进新型城镇化道路上，加强产业转型升级，为城镇化提供更多支撑是促进新型城镇化高质量发展的主要手段。主要任务是实施产业基础能力提升工程。首先，推动装备制造业向智能化方向发展，培育壮大 IC 装备、航空装备、机器人等产业链。在现有基础上大量发展工业互联网，促进装备制造业向数字化和智能化方向转型，壮大高端装备、生物医药、节能环保和新能源汽车等产业集群；其次，加强现代物流、研发设计、融资租赁等生产性服务业向高端价值链转型升级，促进大连商品交易所快速发展。最后，加强健康、养老、家政等生活性服务业向高品质和多样化升级，同时加大力度支持全域旅游发展，推介冰雪旅游、海洋旅游、红色旅游等产业走向全国和世界。

（2）分类引导城市产业布局。首先，目前沈阳和大连两市的人口规模都属于 300 万人的超大城市，外加流动人口，在发展高端装备制造业的基础上，加速发展现代服务业，提供更多的就业岗位。在原有产业发展的基础上，沈阳按照"中国制造 2025"实施方案，培育优势企业，淘汰落后产能，大力发展智能制造装备和航空装备两个新的增长极，提升信息技术、电力装备、汽车和机械装备 4 个主导产业，培育生物医药、新材料和轨道交通等新兴产业，构建新型工业体系。其次，在加大产业升级的基础上，引导中小城市夯实制造业基础，发挥要素成本低的优势，重点是发展"飞地经济"，促进阜新、铁岭、朝阳、葫芦岛等城市的产业转移承接能力，推动制造业特色化、差异化发展，形成以先进制造业为主的产业结构。

（3）建立省级以上开发区评估机制。开发区在经济发展过程中，带动区域经济发展和解决人口就业。近期辽宁省开发区呈现出快速增长的态势，但是部分开发区由于招商引资力度小和营商环境差，开发区经营绩效不佳。在新型城镇化过程中，构建完善的开发区退出机制，实现"有升有退"的评价机制。其一对评价效果好、环境污染小和用地集约的开发区，加大支持力度促进开发区长远和健康发展；其二对于经济效益差、环境污染大、用地粗放的开发区给予通报批评和加强整顿；其三是对于评价结果和业绩较差连续 2 年较差的开发区给予黄牌警告，暂停其用地审批。

8.3.2 加快城市基础设施更新和改造

(1) 加强城市空间布局优化策略的落实。首先，在编制辽宁省全省国土空间规划过程中，做好"三区三线"管控，促进城市精明增长，重点任务是落实统筹划定生态保护红线、基本农田、城镇化开发边界的三条控制线，制定相应管控规则。控制城市无序蔓延，严格控制用地总量，降低开发强度，推动城镇用地集约发展。其次，科学编制城乡总体规划，促进城市工业区、商务区、文教区、生活区、交通枢纽的科学衔接和混合嵌套，实现城市产城融合和职住平衡。最后，构建复合生态系统，加强实施生态廊道和城市绿道建设，依据服务半径的需求，完善城市公园绿色体系和郊野公园体系建设，在有条件的城市构建起公共绿地500m范围全覆盖。

(2) 加快智慧城市建设。在坚持以人为本的和需求导向的基础上，利用大数据、5G、云计算技术、智联网和区块链技术。鼓励在有条件的地区构建起智能基础设施，运用智慧路灯、智慧井盖、智慧泊车等数字设施，改善市容市貌，建成融合、安全通信网络和智能多元感知体系，为辽宁省构建智慧城市提供更多政策支持。

(3) 传承城市历史文化。辽宁省有着多个历史文化遗产，城镇化是一场声势浩大的造城运动，在规划过程中需要加强历史建筑、古村落、文化景观的保护工作，涉及文化管理和文物保护单位，与文物主管部门协调和落实保护工作。涉及的历史街区和历史建筑，鼓励在保护的基础上，传承保护城市肌理和特色风貌，提炼历史文化遗产的核心要素，并与周边城市建设相融合，实现物质文化遗产和非物质文化遗产的保护与活化。

(4) 加快城镇更新进程。首先，辽宁省棚户区改造已经初见成效，未来还需加强城市边缘地区的棚户区改造，加强城中村危房改造，结合城市更新和名城保护，积极推进棚户区市场化改革，提高货币化安置比例。其次，做好棚改回迁安置和消化存量商品房的有效衔接，实现供给侧改革目标。最后，在科学界定住房保障工作，为城市中低收入困难家庭延伸至城市务工人员、新毕业大学生，加强老旧住宅小区综合整治，强化后续管理，提升物业服务水平。

8.3.3 提升城市的发展品质和增强城市实力

(1) 依据上文城镇化发展质量的层级划分标准，在第二层级区包括鞍山、本溪、锦州、抚顺、鞍山、辽阳、盘锦，以上7个地级市的城镇化发展质量处于加速提升阶段，人口与土地城镇化耦合协调度处于勉强协调或者轻度协调发展阶段。在未来城镇化道路上，核心任务是放慢城市扩张进度，提升城镇化发展品质。一是建议以上区域性城市与核心城市实现基础设施对接、制度对接、产业布局协同发展，提升城市群的综合实力；二是与核心城市加强经济活动的联系，进一步增强城市经济发展实力。在以上7个区域性中心城市中，部分城市由于产业转型和资源枯竭，涉及下岗工人较多，外加近期正在实行棚户区改造，为棚户区改造居民和下岗工业谋取更多的福利，提升居民的生活水平。三是推进新型工业化进程，加快产业转型升级，重点发展本地优势产业，将原有资源优势转化为经济优势。四是在未来发展过程中，从中华人民共和国成立到20世纪末，以上城市为全国各地输送了大量的资源型产品和重工业产品，为国家经济建设作出了重要的贡献，导致这些城市建设欠账较多。建议中央政府给予这些城市特殊扶持政策，划拨专项资金用于城市建设和环境治理，提升城镇化发展质量再上一个新的台阶。

（2）增强外围中小城市的发展实力。处于第三层级的中小城市包括阜新、铁岭、朝阳、丹东、葫芦岛。首先，以上5个城市处于省际交界之间或者祖国的边境地带，由于受到交通区位的影响，城镇化发展质量和耦合协调度较低，建议国内大城市对落后的中小城市开展援助行动，将大城市的人才、技术、管理经验向中小城市传递，壮大中小城市的发展实力；其次，在对全省城市经济发展战略进行顶层设计时，建议省委省政府重视中小城市的落后面貌，给予特殊专项扶持政策，进一步缩小区域差距。中小城市经济社会水平发展到一定程度后，可以留住当地人口和吸引更多的企业来此投资，既能减轻沈阳和大连核心城市的人口压力，也可以实现人口就地城镇化战略；第三，外围中小城市根据当地资源优势发展低碳和绿色产业，带动当地经济发展壮大，增加城市发展的内生动力。

8.3.4 提升城镇生态环境质量

（1）加强生态保护与修改。在落实《辽宁省主体功能区划》的基础上，重点是构建辽东山地丘陵生态屏障区，辽西丘陵低山生态屏障区，近海海域和沿海防护带，辽河流域生态走廊、凌河流域生态走廊"两屏一带两廊"的生态安全格局，促进生产空间的集约高效，生活空间的宜居适度，生态空间山清水秀。统筹开展全省生态保护与修复，进一步划定并严守生态保护红线，提升生态系统质量，构建以国家公园为主体的自然保护地体系，保障自然生态系统原真性和完整性。

（2）改善城市大气环境质量。首先，落实"绿水青山就是金山银山"的发展理念，打赢蓝天保卫战，以辽中南城市群为战场，强化区域联防联控和重污染天气应对，控制大气污染，改善大气环境质量。其次，深入实施水污染防治行动计划，扎实推进河长制，完成县级以上集中式饮水水源保护，保障饮用水安全。逐渐消灭城市黑臭水体，开展城市黑臭水消除行动，补齐城镇污水收集和处理设施短板。

8.3.5 促进辽宁省资源型城市转型发展

在20世纪90年代末辽宁省资源型城市由于资源枯竭，开始实施产业转型，至今已经过去20年间。首先，坚持规划引领，加强顶层设计，统筹协调，制定《推进资源型地区创新转型发展的总体规划》和《辽宁省资源型地区创新转型发展规划和实施意见》，要求相关部门制定具体措施和加强指导，协助阜新、朝阳、抚顺等资源型城市寻求切合实际和各具特色的发展模式。其次，在资源型城市内部，研究出台创新转型发展的具体实施办法，对发展替代产业和矿区治理、生态修复等转型做出规划，对发展替代产业和坑矿治理、生态修复等进行系统化的治理。第三，支持抚顺、阜新创建"特大矿坑国家生态文明创新示范区"，为全国探索特大矿坑治理开发利用的经验。

培育资源型产业优势动能。首先，在坚持用高新技术、智能技术、数字技术对传统产业技术升级，积极推进煤制气、煤化工、氢能源等延伸产业链，推进钢铁行业向高端化和精深化转型，激发"老字号"的产品升级活力。其次，在坚持把科技创新作为培育新动能。再次，坚持将科技创新作为培育新动能的重要支撑，加强支持接续替代产业的培育力度，在资源型城镇发展新兴产业，对原有工业园区中产业进行"腾笼换鸟"。如调兵山市是资源储量优势地区，需要做好接续产业的发展，优化发展资源深加工产业，延伸资源产业链和价值链，阜新、抚顺等资源枯竭的县域，通过市场化运作发展替代产业，包括新型农产品加工、旅游业和煤化工等精深加工等。最后，在支持资源型地区利用老旧厂矿改造，开发工业遗产旅游，发展文化创意产业，联合周边地区红色旅游景点，发展全域旅游。最后，联合地方高校和科研院所等创新科技平台，进入资源型城镇开发深度合作，不断提升资源型地区重大产业链，破解现有技术上瓶颈。

8.4 辽宁省城镇化高质量发展的制度创新

8.4.1 适时调整行政区划

首先，为了进一步强化沈阳等中心城市和城市群的辐射带动作用，响应国家发展改革委发布的《关于培育发展现代化都市圈建设的指导意见》，积极构建大沈阳都市圈，适时调整行政区划，促进沈阳争创国家中心城市，根据国家发展改革委印发的《2018年推进新型城镇化建设重点任务》中，明确提出稳步撤县（市）设区，进一步增强区市辐射带动作用。其次，在辽宁省台安县、法库县、黑山县、昌图县、兴城市等县级市，以上县级市的经济基础较好，可以考虑撤县设区，整合乡镇发展资源，对规模较小的乡镇进行合并，开展"扩权强镇"和"镇级市"的试点探索，制定相关政策体系。第三，深入落实《中共中央、国务院关于支持东北地区深化改革创新推动高质量发展的意见》，重点任务是培育新生中小城市，推进在边境地区开发若干个50万～100万人口的中小城市，促进边境市的发展实力，缩小边境地区与内地的差距。

8.4.2 构建城乡统一的土地利用制度

促进土地集约利用和提升土地利用效率是新型城镇化的核心内容，辽宁省城乡二元土地制度是关系到城乡融合发展，深化土地制度改革，形成城乡统一的土地利用机制，为顺利推进新型城镇化保驾护航。

首先，深化土地制度改革，完善乡村耕地统一进入市场制度，逐步建立起城乡统一的建设用地市场，在全省逐渐形成多种措施，促进乡村集体经营性建设用地，直接进入土地市场进行有偿使用，实现城镇国有建设用地统一市场、同地同权、融资抵押等相关权利。

其次，土地制度改革和创新是新型城镇化制度创新的重点，大力促进城乡土地合理流动，提升土地利用效率。针对辽宁省城镇化建设用地"摊大饼"的现象、建设用地集约化程度不高等问题。组建土地综合开发领导小组。利用旧房改造、老旧城镇、旧村庄改造，提升土地的使用效率，促进城镇化集约化发展。

第三，针对辽宁省部分城镇建设用地不足的情况，有序推进城乡建设用提增减挂钩制度的创新，确保永久农田不减量的基础上，通过乡村宅基地的复垦，土地指标获批后，转换为城镇用地指标，实现资源的有效利用，盘活城镇存量建设用地的现实，推进未利用土地的开发，积极调整城乡建设用地布局。

8.4.3 采取差异化的城镇化考核与评价机制

由于资源禀赋不同和经济社会不同，在制定城镇化的考核和评价机制方面，健全基于主体功能区划的区域政策，根据城镇化地区、农产品主产区、重点生态功能区的不同战略，对城镇化地区、农产品主产区、重点生态功能区的评价机制进行定位，加快调整完善财政、产业、投资、人口、农业、土地、环境保护、绩效考核等相关政策，构建区域主体功能区位的政策导向机制。

（1）重点生态功能保护区。首先，在辽宁省生态环境质量优良的地区，主要集中在辽宁省东北部地区，以丹东、抚顺、铁岭等市区生态涵养区和朝阳市山地，根据主体功能区划分类，对这一地区的城镇化无序扩张进行限制，严控城镇化规模。其次，要根据本地区资源和环境承载能力、工业化和城镇化的发展阶段和面临的资源环境问题、生态环境的自我修复能力，规划和划定城镇建设的强度和规模，建立生态补偿机。修复水源涵养林和修复矿山生态。最后，严守生态保护红线的刚性约束，禁止在批复新型城镇化和工业化建设项目，对于生态环境保护区，重新构建起新型城镇化建设的评价机制。

（2）城镇化地区。在城镇化进程中，城镇化地区主要提升城镇的综合承载力，根据不同城镇类型，制定差异化的城镇化发展战略。首先，支持沈阳创建国家中心城市，推进大连东北亚国家航运中心的建设，做大做强沈阳、大连两市的双核心的城市，辐射带动周边城镇的发展，主要是针对周边的阜新、抚顺、弓长岭、北票等资源枯竭型城市，加强经济社会协调发展和城乡一体化发展，促进城乡产业转型升级，走城乡统筹、资源节约、环境友好、社会和谐的新型城镇化道路。其次，针对部分资源枯竭型城镇化，在适度的情况下转变增量规划的思维，实施收缩性城镇化发展战略，进一步加大资源枯竭型矿区的治理。最后，加强培育县城及中小城镇，促进市政基础设施和公共服务设施建设，提高乡村人口转移的吸纳能力。

（3）农产品主产区。首先，在辽宁省农业主产区是经济发展的薄弱环节，也是推进城乡统筹发展的关键节点。在推进农业主产区的城镇化进程中，深化农业供给侧改革，优化农业产业结构，构建起现代农业产业体系，经过测度农业县域经济发展水平可知，辽宁省部分县域工业化滞后于城镇化水平。鉴于此，要求以市场需求为导向，构建多元化的产业体系，以第一产业为核心，积极发展农产品的精深加工，提升产品的科技含量，推动第二产业的发展。其次，结合不同地区的发展特色，支持特色小城镇的健康有序发展，推进以休闲采摘、农事体验为主的农业观光特色小镇；打造以工艺制造为主的特色小镇和以康养产业、休闲旅游为体会的服务业小镇。

8.4.4　增强城镇化的保障能力

首先，完善城镇保障房的制度。在新型城镇化道路上，居民的安居工程和棚户区改造已经取得实质性进展。辽宁省累计171万户居民的住房条件得到改善，在此基础上，建议政府进一步完善公共租赁住房和保障房制度，对保障性住房实行财政补贴和市场租金的经营模式，加大租金的补贴力度，向全省推广保障住房制度，将进城务工人员纳入公共租赁保障房的惠及对象，为城镇化提供基本的保障。

其次，实行城乡统筹的教育事业。建立城乡教育一体化制度为我国教育事业迈出重要的一步，为我国城镇化发展提供最坚实的保障，因为教育是我国的头等大事。在未来城镇化进程中，让城乡适龄学生享受同样的教育服务，促进城乡教育公平化。对青壮年劳动力和农村人口的进行职业教育，让农村人口掌握一定的生产技术，带动城乡人口素质不断提升。

第三，完善社会保障制度。对失地农民和进城务工人员纳入城乡人口的养老保险体系，逐步缩小城乡之间养老保险差距，扩大社会保障覆盖面。完善农村社会保障体系，提高保障标准。继续推进城市职工医疗保险和新农村合作医疗对接，让更多城乡人口受益，缓解进城人口的生活压力和经济压力，可以有效地促进居民消费，增加地区经济活力。

8.4.5　增强资源的节约和保护力度

首先，促进资源的集约利用。面对城镇化进程中的土地和各类资源的浪费现象，必须集约利用好现有土地，盘活存量土地，集中利用非农地指标，重点保护好农用耕地，确保农业可持续发展。在对新区或新市镇开发过程中，注重土地的资源集约利用，合理规划各类工业园区，使得功能更好地发挥，政府需要对闲置土地进行重新处置，防止资源浪费。其次，辽宁省作为我国经济大省，在推进城镇化进程中必须处理好工业生产、城市建设与生态环境保护的和谐发展等问题，将节能减排的具体任务落到实处。再次，提倡使用绿色环保材料用于城市建设，确保居民的身体健康，促进高耗能和高污染产业转型升级，发展循环经济，促进城市污染零排放，向清洁生产看齐。最后，加大对环境污染的治理力度，对城市的白色污染、垃圾围城、城市污水处理等现实问题进行重点治理，提高城市燃气普及率，改变建筑密度。由此需要建立和完善科学的环境规划体系，政府加强对环境跟踪检测和综合治理，等到条件成熟时开征环境税。

8.4.6　加强规划设计，重点保护历史文化遗产

首先，城镇化的优质发展和有效管理的前提是做好规划设计，必须创新规划理念，遵循"规划好是最大的受益，规划不好是最大的损失"基本原则。本着科学规划的发展理念，为辽宁省的城镇群建设、同城化推进、新市镇建设等项目的快速推进保驾护航；其次，鉴于辽宁省在城镇化进程中对历史文化资源保护的不利，必须加强历史文化资源的开发与保护，对历史文化名城、街区和文化旅游资源进行普查，建立保护名录。再次，提升绿色城市发展水平，鼓励应用绿色建筑材料和能源，鼓励使用绿色交通工具，提倡绿色建筑，为绿色城市建设打好基础。最后，完善城镇化防灾和减灾能力，提升城镇化进程中防灾和减灾能力，为城镇化顺利推进做好服务。

8.5　本章小结

本章论述了辽宁省未来城镇化发展目标和基本原则，新型城镇化发展空间优化路径，新型城镇化高质量发展的调控策略和城镇化过程中制度创新等内容。

（1）辽宁省城镇化总体目标方面。在新型城镇化道路上，建议辽宁省坚持绿色城市发展导向、智慧城市发展导向、人文城市发展导向。同时坚持以人为本的基本原则，促进城镇化发展质量逐渐提升，城市形态与结构更加优化、大中小城镇协同发展的局面逐渐形成，产城融合水平得到进一步提升，城乡生态环境将会得到进一步改善。

（2）辽宁省城镇化空间优化路径方面。在总体空间方面构建"一群、一带、一轴"的城镇空间布局，提升辽宁省中心城市的核心竞争力，补齐县域经济短板，提升县域城镇化

质量，发展特色小镇，构建起层次分明和结构合理的城镇化空间布局。

（3）辽宁省城镇化高质量发展对策方面。在推进新型城镇化进程中，通过调整和优化产业结构，激活城镇化发展的内生动力，加快城市基础设施更新和改造，改善生态环境质量，促进资源型城市转型和产业升级。

（4）辽宁省城镇化高质量发展的制度创新。通过适时调整行政区划，便于城乡统筹管理，构建起城乡统一的土地利用制度，采取差异化的考核与评价机制，增强城镇化的保障能力，加强顶层设计，注重历史文遗产保护。

参 考 文 献

[1] Friedrich Engels. The Communist Manifesto [R]. English edition of 1886.

[2] Engels. Dialectics of Nature [J]. Moscow: Foreign Languages Publishing House, 1954: 23.

[3] Thomas More. Utopia [M]. Peking: Foreign Language Teaching and Research Press, 1998.

[4] Ebenezer Howard. Garden cities of tomorrow [M]. London: Faber and Faber, 1946.

[5] Geddes Patrick. City in Evolution [M]. Williams & Norgate, 1915.

[6] Eliel Saarinen. The City, its growth, its decay, its future [M]. M. I. T. Press, 1965.

[7] Brueckner J K, Fansler D A. The Economics of Urban Sprawl: Theory and Evidence on the Spatial Sizes of Cities [J]. Review of Economics and the Statistics, 1983, 65 (3): 1-15.

[8] Maxim Shoshany, Naftaly Goldshleger. Land-use and population density changes in Israel-1950 to 1990:, analysis of regional and local trends [J]. Land Use Policy, 2002.

[9] Muller, K C, Kiichler. Urban growth along motorways in Switzerland [J]. Landscape and Urban Planning, 2010, (8): 3-12.

[10] Xiangzheng Deng, Jikun Huang. Growth, Population and Industrialization, and Urban Land Expansion of China [J]. Journal of Urban Economics, 2008, 63 (1): 1-41.

[11] Glaeser E L, Kahn M E. Sprawl and Urban Growth [C]. NBER Working Paper, 2003.

[12] W. Arthur. Lewis. Economic Development with Unlimited Supplies of Labor [R]. 1954.

[13] Fei. C. H. and Ranis G. A Theory of Economic Development [J]. American Economic Review, 1961, 51 (4): 533-565.

[14] John R. Harris and Michall P. Todaro. Migration, Unemployment & Development: A Two-Sector Analysis [J]. American Economic Review, 1970, 60 (1): 126-42.

[15] Valerie Illingworth. Penguin Dictionary of Physics [M]. Penguin UK, 2011.

[16] F. Ratal. Human Geography [M]. Brown Co, U. S. 1992.

[17] Barney Warf. Encyclopedia of Human Geography [M]. Rolf Janke, 2005.

[18] Ana Crisrtina Fernandes, Rovena Negreiros: Economics developmentism and change within the Brazilian urban system. Geoforum, 32 (2001): 419-422.

[19] Rachel Carson. Silent Spring [M]. The Riversides Press, 1975.

[20] George. Progress and Poverty, an enquiry into the cause of industrial depression and increase of want with increase of wealth [M]. New York: Enchantments Foundation, 1979.

[21] Engels. Dialectics of Nature [M]. Moscow: Foreign Languages Publishing House, 1954.

[22] Simon Kuznets. Economic Growth and Income Inequality [J]. The American Economic Review, 1955, 45 (1): 1~28.

[23] Grossman G M, Krueger A B. Economic growth and the environment [J]. Quarterly Journal of Economic, 1995, 110 (2): 353-377.

[24] Rapport D J. Ecosystem health [M]. Oxford: Blackwell Science Inc, 1998: 31-35.

[25] 刘玉，冯健. 中国区域城镇化发展态势及战略选择 [J]. 地理研究，2008，27 (7)：45-54.

[26] 方创琳. 中国城市化进程亚健康的反思与警示 [J]. 现代城市研究，2011，(8)：5-11.

[27] 陆大道. 关于遏制冒进式的城镇化和空间失控建议 [R]. 2006.

[28] 辽宁省人民政府. 辽宁省土地利用总体规划（2006～2010 年）[R]，2009.

[29] 陈凤桂. 我国人口城镇化与土地城镇化协调发展研究 [J]. 人文地理，2010，(5)：53-59.

[30] 蔡卫红. 福建省土地城镇化快于人口城镇化的现状及成因分析 [J]. 福建论坛，2013，(7)：142-146.

[31] 刘潇. 河南省土地城镇化与人口城镇化协调发展研究 [D]. 郑州：郑州大学硕士学位论文，2015.

[32] 陆大道，姚士谋，李国平. 基于我国国情的城镇化过程综合分析 [J]. 经济地理，2007 27 (6)：883-887..

[33] 管清友. 人口城镇化应优先于土地城镇化 [N]. 经济参考报，2013-12-3 (02).

[34] 石忆邵. 辩证审视土地城镇化与人口城镇化之间的关系 [J]. 上海国土资源，2015，(2)：2-7.

[35] 王丽艳，郑丹. 土地城镇化与人口城镇化之间协调性测定及其影响因素 [J]. 经济学家，2012，(5)：61-67.

[36] 范进，赵定涛. 实现人口城镇化与土地城镇化之间的关系 [J]. 当代经济研究，2014，(12)：62-70.

[37] 李子联. 人口城镇化滞后于土地城镇化之谜—来自中国省际面板数据的解释 [J]. 中国人口资源环境，2013，23 (11)：94-101.

[38] 孙平军，丁四保. 北京市人口—经济—空间城市化耦合协调性分析 [J]. 城市规划，2012，36 (5)：38-45.

[39] 张轩. 辽宁省人口城镇化与土地城镇化耦合协调发展评价研究 [J]. 统计与信息论坛，2015，30 (10)：65-71.

[40] 郭付友. 2003 年以来东北地区人口城镇化与土地城镇化时空耦合特征 [J]. 经济地理，2015，35 (9)：49-56.

[41] 杨丽霞. 人口城镇化与土地城镇化协调发展的空间差异研究 [J]. 中国土地科学，2013，27 (11)：18-22.

[42] 刘娟，郑钦玉. 重庆市人口城镇化与土地城镇化协调发展评价 [J]. 西南师范大学学报，2012，311 (9)：49-56.

[43] 马文博，陈昱. 人口城镇化与土地城镇化的耦合协调关系及空间差异 [J]. 统计与决策，2020，(12)：114-118.

[44] 蔡美香. 我国人口城镇化与土地城镇化失调与影响因素分析 [J]. 西北人文社会科学评论，2014，(1)：171-180.

[45] 陶然，曹广忠. "空间城镇化""人口城镇化"的不匹配与政策组合应对 [J]. 改革，2008，(10)：83-88.

[46] 张梦妍. 京津冀土地城镇化与人口城镇化协调发展研究 [D]. 保定：河北大学硕士学位论文，2020.

[47] 张可云. 中国新型工业化与城市化的互动机制 [R]，2006.

[48] 王耕源. 城市化背景下的土地政策研究 [D]；长安大学硕士学位论文，2007.

[49] 陈明星. 健康城市化：新的发展理念及其政策含义 [J]. 人文地理，2011，(1)：22-28.

[50] 王洋，王少剑，秦静. 中国城市土地城市化水平与进程的空间评价对 [J]. 地理研究，2014，33 (12)：2228-2238.

[51] 陆大道. 地理学关于城镇化领域的研究内容框架 [J]. 地理科学，2013，33 (8)：897-991.

[52] 叶裕民. 中国城市化质量研究 [J]. 中国软科学，2001，(7)：27-31.

[53] 倪亚洲. 基于共生理论的重庆山地规模住区发展研究 [D]. 重庆大学硕士学位论文，2012.

[54] 陈亮. 近代东北区城镇化与工业化相互作用的过程分析 [J]. 城市发展研究，2004. 11 (6)：28-31.

[55] 侯强. 辽宁省城镇化道路研究 [J]. 沈阳工业大学学报（社会科学版），2010，3 (4)：316-321.

[56] 彭晓烈，梁振民，彭家园. 辽宁省城市化发展质量阶段性层级判定与形成机制—基于面板数据的分析 [J]. 城市发展研究，2018 (6)：52-62.

[57] 方创琳，刘晓林. 中国城镇化发展阶段的修正及规律性分析 [J]. 干旱区分析，2008，31 (4)：512-523.

[58] 严思齐. 土地城镇化与人口城镇化非协调耦合性与互动关系 [J]. 中国人口资源环境，2016，(11)：161-167.

[59] 邬建国. 什么是可持续性科学 [J]. 应用生态学报，2014，25 (1)：1-11.

[60] 张荣天，焦华富. 中国省际城镇化与生态环境的耦合协调与优化探讨 [J]. 干旱区资源与环境，2015，29 (07)：12-18.

[61] 韩瑞玲，佟连军，佟伟铭. 沈阳经济区经济与环境系统动态耦合协调演化 [J]. 应用生态学报，2011，22 (10)：2673-2680.

[62] 陈端吕，彭保发，熊建新. 环洞庭湖区生态经济系统的耦合特征研究 [J]. 地理科学，2013，33 (11)：1338-1346.

[63] 张妍，杨志峰，李巍. 城市复合生态系统中互动关系的测度与评价 [J]. 生态学报，2005，25 (7)：1734-1740.

[64] 刘耀彬，李仁东. 城市化与生态环境协调标准及其评价模型研究 [J]. 中国软科学，2005，(5)：140-148.

[65] 侯力，于潇. 东北地区突出性人口问题及其经济社会影响 [J]. 东北亚论坛，2015，(5)：118-126.

[66] 范进，赵定涛. 土地城镇化与人口城镇化协调性测定及其影响因素 [J]. 经济学家，2012，(5)：61-67.

[67] 孙平军. 熵变视角下的吉林市城市化与生态环境的耦合关系叛别 [J]. 应用生态学报，2005，23 (8)：1051-1056.

[68] 廖重斌. 环境与经济协调发展的定量评判及其分类体系—以珠江三角洲城市群为例 [J]. 广东环境科学，1996，(1)：12-16.

[69] 刘贤赵，王渊，张勇. 黄河三角洲地区经济发展与生态环境建设互动度研究［J］. 地域研究与开发，2013（06）：15-27.

[70] 刘贺贺，杨青山. 东北地区城镇化与生态环境的脱钩分析［J］. 地理科学，2016，36（12）：1806-1869.

[71] 梁振民，陈才，刘继生. 东北地区城市化发展质量综合测度与层级特征研究［J］. 地理科学，2013，33（08）：926-934.

[72] 张郁，杨青山. 基于利益视角的城市化与生态环境耦合关系诊断方法研究［J］. 经济地理，2014，34（4）：166-170.

[73] 杨旭涛. 辽宁中部城市群环境与经济协调发展评价及对策［J］. 社会科学辑刊，2008（3）：96-99.

[74] 国务院第一次全国污染源普查领导小组. 第一次污染源产排污手册［R］，2008.

[75] 辽宁环保厅. 2004 辽宁省环境状况公报［R］，2005.

[76] 张欣. 辽宁省外商直接投资与环境污染关系研究［J］. 吉林工商学院学报，2008，28（5）：5-9.

[77] 孙平军，修春亮. 熵变视角的吉林省城市化与生态环境的耦合关系判别［J］. 应用生态学报，2014，23（8）：1051-1056.

[78] 宁越敏. 中国城市化特点、问题及治理［J］. 南京社会科学，2012（12）：51-56.

[79] 李雨潼，王咏. 唐朝至清朝东北地区人口迁移［J］. 人口学刊，2004（2）：56-60.

[80] 刘宇. 辽宁省产业结构演变的环境效应分析［J］. 资源与产业，2013，15（2）：110-117.

[81] 张春梅，张小林. 城镇化质量与城镇化规模的协调性研究［J］. 资源与产业，2013，33（1）：16-22.

[82] 张平宇. 振兴东北以来区域城镇化进展问题及对策［J］. 中国科学院院刊，2013（1）：39-42.

[83] 郑文升，李城固. 1997 年以来中国副省级城市区域城镇化综合发展水平空间差异［J］. 经济地理，2007，27（2）：256-260.

[84] 李印超. 辽宁省新型城镇化发展水平评价及预测研究［D］. 辽宁工程技术大学硕士学位论文，2017.

[85] 王荣成，赵玲. 东北地区哈大交通经济带的城市化响应研究［J］. 地理科学，2004，24（5）：535-541.

[86] 韩增林，刘天宝. 中国地级市以上城市城镇化质量特征及空间分异差异［J］. 地理研究，2009，28（6）：1508-1515.

[87] 许学强，周一星. 城市地理学［M］. 北京：高等教育出版社，2019.

[88] 周国艳，于立. 西方现代城市规划理论概论［M］. 南京：东南大学出版社，2010.

[89] 顾朝林，汤培源. 城市化［M］. 北京：科学出版社，2008.

[90] 贝利. 比较城市化（顾朝林译）［M］. 北京：商务印书馆，2010.

[91] 吕萍，周滔. 土地城市化与价格机制研究［M］. 北京：中国人民大学出版社，2007.

[92] 张占斌. 中国新型城镇化健康发展报告［M］. 北京：社会科学文献出版社，2014

[93] 刘易斯·芒福德著，宋俊岭译. 城市发展史——起源、演变和前景［M］. 北京：中国建筑工业出版社，2004.

[94] 夏建中. 城市社会学［M］. 北京：中国人民大学出版社，2010.

[95] 辜胜阻. 非农化与城镇化研究［M］. 杭州：浙江人民出版社，1991.

[96] 许学强. 中国城市化理论与实践［M］. 北京：科学出版社，2012.

[97] 叶裕民. 中国城市化与可持续发展［M］. 北京：科学出版社，2006.

[98] 费孝通. 乡土中国［M］. 北京：人民出版社，2006.

[99] 新玉言. 新型城镇化理论发展与前景透析［M］. 北京：国家行政学院出版社，2014.

[100] 赵荣，王恩涌. 人文地理学［M］. 北京：高等教育出版社，2006.

[101] 张文奎. 人文地理学［M］. 长春：东北师范大学出版社，1995.

[102] 森普尔. 地理环境之影响（陈建民译）［M］. 北京：商务印书馆，1997.

[103] 吴传钧. 人地关系与经济布局：吴传钧文集［M］. 北京：学苑出版社，2008.

[104] 朱国宏. 人地关系论［M］. 上海：复旦大学出版社，1996.

[105] 陆大道. 区域空间结构［M］. 北京：科学出版社，1995.

[106] 陆大道. 关于"点-轴"空间结构系统的形成机理分析［J］. 地理科学，2002，15（2）：1-6.

[107] 周国强，张青. 环境保护与可持续发展概论［M］. 北京：中国环境出版社，2010.

[108] 张坤民. 可持续发展论［M］. 北京：中国环境科学出版社，1997.

[109] 德内拉·梅多斯. 增长的极限 [M]. 北京：机械工业出版社，2013.

[110] 世界环境与发展委员会. 我们共同的未来 [M]. 长春：吉林人民出版社，2007.

[111] 盛连喜. 环境生态学导论 [M]. 北京：高等教育出版社，2003，132.

[112] 胡守钧. 社会共生论 [M]. 上海：复旦大学出版社，2008.

[113] 袁纯清. 共生理论—兼论小型经济 [M]. 北京：经济科学出版社，1998.

[114] 国务院. 国家新型城镇化规划（2014～2020年）[M]. 北京：人民出版社，2014.

[115] 苗东升. 系统科学精要 [M]. 北京：中国人民大学出版社，2012.

[116] 白炜. 辽宁省县域经济发展模式研究 [M]. 北京：化学工业出版社，2015.

[117] 傅鸿志. 辽宁地理 [M]. 北京：北京师范大学出版社，2014.

[118] 国家发展改革委员会. 中国开发区审核公告目录 [M]. 北京：中国计划出版社，2007.

[119] 曲晓范. 近代东北城市的历史变迁 [M]. 长春：东北师范大学出版社，2001.

[120] 国家统计局人口与就业司. 2010年第六次全国人口普查主要数据 [M]. 北京：中国统计出版社，2011。

[121] 世界环境与发展委员会. 我们共同的未来 [M]. 北京：世界知识出版社，1989；19.

[122] 梁启东. 2019年辽宁省社会形势分析与预测 [M]. 北京：社会科学文献出版社，2019.

[123] 国家发展改革委员会. 国家新型城镇化报告（2019）[M]. 北京：人民出版社，2020.

[124] 王兴芬. 中国人口城镇化与土地城镇化协调发展研究 [M]. 北京：中国社会出版社，2019.

[125] 王凯，陈明. 中国城镇化的速度与质量 [M]. 北京：中国建筑工业出版社，2013.

[126] 齐昕. 辽宁老工业基地振兴中的城市化经济运行研究 [M]. 北京：经济科学出版社，2018.

[127] 顾朝林. 中国新型城镇化之路 [M]. 北京：科学出版社，2019.

[128] 孙艳丽. 辽宁省新型城镇化进程中雾霾防治的管理对策研究 [M]. 北京：中国建筑工业出版社，2019.

[129] 刘宇，张征超. 资源环境双重约束下辽宁省产业结构优化研究 [M]. 北京：哈尔滨工业大学出版社，2016.

[130] 刘贺贺，张鹏. 城市化与生态环境耦合过程、格局与机理研究——以东北地区为例 [M]. 北京：经济与管理出版社，2019.

[131] 吴殿廷，赵林. 辽宁省经济地理 [M]. 北京：经济与管理出版社，2019.

[132] 李铁，邱爱军. 促进城镇健康发展的规划研究 [M]. 北京：中国发展出版社，2013.

[133] 刘耀彬. 城市化与生态环境耦合机制及调控路径 [M]. 北京：经济科学出版社，2007.

[134] 姜琦刚，贾大成. 东北地区生态地质环境遥感监测 [M]. 北京：地质出版社，2013.

[135] 樊勇明，潘忠岐. 中国—巴西城市化进程与基础设施建设比较研究 [M]. 上海：上海人民出版社，2017.

[136] 王旭. 美国城市发展模式：从城市化到大都市区化 [M]. 北京：清华大学出版社，2007.

[137] 毕雪飞. 日本近代以来城市化进程中的年中行事传承与变迁——以东京地区为中心 [M]. 北京：中国社会科学出版社，2017.

[138] 陈如铁，杨青山，宋宁，王越. 辽宁省新型城镇化路径及其影响因素 [J]. 经济地理，2017，23（9）：1051-1056.

[139] 杜海艳. 新型城镇化背景下辽西地区城镇化发展路径研究 [M]. 大连：辽宁师范大学硕士学位论文，2017.

[140] 张可时. 农村经济改革与乡村城镇化发展 [M]. 北京：社会科学文献出版社，2013.

[141] 李琪. 内蒙古自治区城镇化质量评价 [M]. 北京：经济与管理出版社，2018.

[142] 杨玉珍，任太增。中西部快速城镇化地区生态—环境：经济耦合协同发展研究 [M]. 北京：中国社会出版社，2018.

[143] 孙艳丽. 辽宁省新型城镇化进程中的投融资问题研究 [M]. 北京：中国建筑工业出版社，2020.

[144] 王亚华. 人口—土地城市化耦合过程及其机制研究：以江苏省为例 [M]. 北京：科学出版社，2019.

[145] 陈斌. 城镇化、产业集群与区域技术创新：系统耦合机制下的现实考察与实证检验 [M]. 北京：经济与管理出版社，2019.

[146] 王士君. 中国东北城市地理 [M]. 北京：科学出版社，2015.

[147] 姜妮伶. 中国东北地区城镇化发展研究 [M]. 北京：经济科学出版社，2009.

[148] 肖忠纯. 辽宁历史地理 [M]. 长春：吉林大学出版社，2009.

后　记

　　从硕士研究生时期就开始关注城镇化问题，到了博士阶段，在我国区域经济地理学家陈才教授的鼓励下，深入研究东北地区城镇化问题，可惜在本书完成之际，没有等到导师陈才教授的指导和审阅，陈先生于 2020 年 9 月 27 日永远离开了我们，由此我必须加倍努力完成此书，也是对陈才教授的缅怀和思念的表达。

　　自 2017 年 2 月至 2020 年 1 月我在上海对外经贸大学党委的鼓励下，在各位同事的帮助下，我远赴新疆喀什大学参与援疆，在援疆 3 年时间里由于时间紧任务重，本书写作也是断断续续。在回到内地以后适逢 2020 年新冠疫情，经过多次的自我挑战，终于完成本书，在此要感谢上海对外经贸大学会展与旅游学院武增勇书记、全华教授、王春雷教授、刘少湃副院长一如以往地支持与鼓励，向各位表达谢意。

　　在写作过程中，承蒙辽宁省城乡建设规划设计院马廷玉老师为我前期调研提供的支持和提供第一手资料。马廷玉老师每次在微信和电话中给予的支持使我终身难忘。虽说大恩不言谢，但我还是向马廷玉老师表达谢意。

　　本书的完成特别感谢喀什大学经济与管理学院郭新华书记和麦麦提依明·马木提老师的鼓励与支持，在援疆期间和你们多次深度交流，尤其是在 2020 年 1 月完成援疆之际，郭新华书记叮嘱我一定要做好学问，多多关注边疆地区教育问题。回到内地以后我将加倍努力，重视学术研究，做好教书育人工作。

　　在本书完成过程中，感谢中国建筑工业出版社胡明安编审对我的包容和鼓励，感谢出版社各位编辑对我的支持。

　　本书在完成之际引用了前人的研究成果，由于篇幅较多和精力所限，没有在文章中逐一标出，在此谨致谢忱。由于本人对城镇化的研究是兴叹汪洋，对于区域经济地理学的研究更是浅尝辄止，文中不足之处在所难免，欢迎各位专家学者和读者给予斧正，在此先行谢意。

梁振民

2020 年 10 月 18 日于内蒙古海拉尔